D1749201

Matthias F. Steinmann

Der Heiratsschwindler

Wie ein Auferstandener
mich in einen Todesstrudel hineinzog

Ursella Verlag
Helvetia Verlag

2024 bei Ursella Verlag
Ursellen 21
3510 Konolfingen

Helvetia Verlag, Bern
Vertrieb

Alle Rechte, insbesondere das Recht der Vervielfältigung und Verbreitung sowie der Übersetzung, vorbehalten. Kein Teil des Werkes darf in irgendeiner Form (durch Fotokopie, Mikrofilm oder ein anderes Verfahren) ohne schriftliche Genehmigung des Ursella Verlages reproduziert oder unter Verwendung elektronischer Systeme gespeichert, verarbeitet, vervielfältigt oder verbreitet werden. Auch alle Film- und Fernsehrechte sind darin eingeschlossen.

ISBN 978-3-907402-70-2

Für meine Testleser:

Peter Balsiger
Christina Friedmann
Marianna Mackay
Luisa Messerli
Evelyn Shea
und
last but not least
meine liebe Frau Arom

Mein herzlicher Dank gilt meinem Freund Peter Balsiger für das Lektorat, Manuela Boss für die grafische Gestaltung, Danila Rikas für die Korrekturen und allgemeine Mitarbeit, Beatrice Reinle für die Schreibarbeiten, Sophie Steinmann für die Aushilfe sowie Renate Haen für das Korrekturlesen.

Sind es schöne Lago-Gedanken,
Die sich seltsam um mich ranken.
Oder steigt der heisse Sand
Mir in den Kopf am Lago-Strand?
Vieles, was wir uns so schenken,
Gibt es nur in unserem Denken.
Ja hat mein Leben denn einen Sinn,
Wenn ich ohne Traumwelt bin…?

Hannelore Langen
Ascona im Sommer

Inhalt

Vorwort	11
1. Der Anruf	15
2. Rückflug	23
3. Im Zweifel	33
4. Monolog zu einer Leiche	41
5. Dialog zu einer Leiche	51
6. Planänderung	63
7. Das grosse Erstaunen	75
8. Ab ins Tessin	85
9. Neue Unklarheiten	101
10. Fichen	113
11. Gutenachtgespräch	133
12. Vergeistigte Keuschheit	147
13. Vodoo	155
14. Wie weiter?	167
15. Auf mehreren Ebenen	179
16. Am Telefon	191
17. Lebensgrenze	201
18. Drohung	211
19. Kein Happy End	223

Vorwort

Der Ausdruck Vorwort ist eigentlich falsch gewählt. Es geht hier eher um eine Erklärung zu diesem Roman.
Was ist das Besondere daran?
Wie bereits im Roman *Verirrt in Giessbach* verwende ich für die Fiktion als Hauptperson einen engen Verwandten, der nicht mehr lebt. Zum anderen handle ich selbst in meinem Namen, wie bereits im Roman *Der Gehenkte zu Schloss Wyl*. Das bedarf einer Erklärung.
Ich bin mir bewusst, dass die fiktive Wiederbelebung verstorbener Verwandter diskutabel ist. Und vielleicht sogar ethisch umstritten. Aber ich tat das sehr bedacht:
Im Fall von *Verirrt in Giessbach* handelte es sich um meinen Grossvater Professor Dr. Fritz Steinmann, einen berühmten Orthopäden, dessen Verdienste noch heute bei den Spezialisten bekannt sind. Ich glaube, er verdient es, dass man sich auch bei einem breiteren Publikum seiner erinnert. Und das tat ich im *Giessbach*-Roman, wenn auch eingebettet in eine fiktive Handlung.
Das Gleiche gilt auch für meinen leider früh verstorbenen Cousin, der das Opfer der damaligen Drogenszene wurde. Als ich seinerzeit Präsident des Bernischen Vereins für Gefangenen- und Entlassenenfürsorge (BeVGe) war, unterhielten wir auch eine Drogenberatungsstelle. Die Schicksale der Drogenabhängigen haben mich immer sehr interessiert.

Ich nehme meinen Cousin als Vorlage für diese Geschichte. *Jedoch sei hier ausdrücklich betont, dass seine kurze Lebensgeschichte in keinster Weise Ähnlichkeiten mit dem hier auferstandenen Nikki hatte.*
Nun zu meiner Person.
Ich handle also in meinem Namen in einer fiktiven Geschichte. Das hatte ich mir zum ersten Mal in Der Gehenkte zu Schloss Wyl erlaubt, wobei das dort logischer ist, da Schloss Wyl ja mir gehört und ich der Präsident der Steinmann-Stiftung Schloss Wyl bin.
Bei diesem Roman wäre es zwar nicht unbedingt nötig, aber ich setze diese Geschichte bewusst in mein reales Leben, denn ich will zeigen, wie so ein böses Ereignis einen aus dem Routinetrott hinaus in eine völlig unerwartete, schicksalsschwere Geschichte katapultieren kann. Plötzlich schwankt der Boden unter meinen Füssen, und alles, was bisher galt, ist in Frage gestellt. Einen solchen Vorgang kann man am besten an seiner eigenen Person und seiner eigenen Realität festhalten.
Im Übrigen glaube ich, dass einige Autoren sich sehr wohl mit ihren Hauptpersonen identifizieren, aber davon absehen, in der Ich-Form zu schreiben. Jedenfalls haben viele Romane oft auch ein bisschen autobiografischen Charakter, wenn man das Leben des Autors näher betrachtet.
Wichtig ist, Folgendes zu wissen:
Alle Reminiszenzen an meine Vergangenheit und an mein Umfeld in diesem Roman sind real. Die Fiktion betrifft allein die kriminelle Handlung. Zeit der Handlung ist das Jahr 2021.
Zum Schluss stellt sich die Frage: Warum schreibe ich überhaupt diesen Roman?
Ich möchte ihn – wie bereits Der Gehenkte zu Schloss Wyl – so charakterisieren: ein Erholungsroman.

Was heisst das? Den *Gehenkten* habe ich nach dem Vollenden des Werks *Emmentaler & Nostrano* geschrieben. Eine Familiensaga, 869 Seiten lang, 1,63 Kilo schwer, die mit den Recherchen zwei Jahre Arbeit erforderte. Danach spürte ich einfach das Bedürfnis, einen lockeren Krimi zu schreiben, um wieder einmal meiner Fantasie freien Lauf lassen zu können. Hier, beim *Heiratsschwindler*, ist das ähnlich. Ich habe praktisch gleichzeitig meine Autobiografie LEBENSREICH – *meine Wege zum Renaissance-Menschen* beendet, die wiederum einen erheblichen Umfang haben wird (erscheint vor Weihnachten 2024).
Nun hatte ich erneut den Wunsch, meiner Fantasie in einem eher lockeren Kriminalroman Raum zu geben.
Das tat mir gut.
Nun kann ich nur hoffen, dass Sie als Leser auch ein bisschen Spass daran haben.
Ich jedenfalls hatte ihn beim Diktieren.

Matthias Steinmann

Im August 2024

1. Der Anruf

Als mich der Anruf aus meiner Gedankenwelt zur verlorenen Zeit mit den Unsäglichkeiten des Alltagslebens aufschreckte, sass ich wie stets am Vormittag in den Ferien in unserer Wohnung in Samedan am Arbeitstisch. Meine liebe Frau Arom war schon längst mit ihrem Privatskilehrer irgendwo oberhalb von Celerina in Marguns in ihrem stylischen Skianzug in Gelb am Herumkurven, und ich, der nicht mehr Ski fuhr und nach der Hüftoperation auch mit dem Langlaufen aufgehört hatte, sass wie erwähnt an diesem hellen Tisch aus Fichtenholz. Ich betrachtete da gerade durch das grosse Fenster die Umgebung, zugleich mit diesen seltsamen Gedanken über Unsinnigkeiten des stets ähnlich oder gleich ablaufenden Lebens eines – das darf man sagen – wohlhabenden Rentners. Wobei letztere Bezeichnung nicht ganz zutrifft, denn ich führe immer noch drei Firmen, eine Stiftung, und das alles, was nun in diesem Buch folgt, diktiere ich meiner lieben Beatrice, der ausserordentlich aufmerksamen und präzise arbeitenden Assistentin.

Daraus lässt sich schliessen, dass dieser Anruf meine Alltagsroutine im herrlichen Engadin unterbrach und sich ein neues und unerwartetes Erleben ankündigte. So plötzlich wie ein Lottosechser.

Apropos Engadin. Wenn ich von meinem Schreibtisch aus in die Runde und auf das frisch Verschneite blicke, das heisst,

was ich da mit meinen neunundsiebzigjährigen Augen abschweife, erinnert mich an einen Hochzeitskuchen, wobei leider die Kerzen auf den einzelnen Gipfeln wie dem Piz Badella und dem Piz Rosatsch fehlen.
Nicht aber auf dem Muottas Muragl. Der mag noch so verzuckert sein, er wird mir immer schwärzlich in Erinnerung haften bleiben. Warum? Im Internat, hundertzwanzig Meter links von meiner Wohnung, wo man den zwölfjährigen Thisli, bis er sechzehn war, zu disziplinieren versuchte, was aber nicht so gut gelang, wurde ich oft bestraft. Eine der Strafen bestand darin, dass ich auf den Muottas Muragl hochwandern oder besser steigen musste. Ein mindestens zweistündiges Unterfangen, und oben atemlos angelangt, musste ich ein weisses Leintuch hin- und herschwenken. So konnte der hochgewachsene, frömmlerische Rektor der evangelischen Lehranstalt – und es war tatsächlich eine Anstalt – mit dem Feldstecher beobachten, ob ich seine Strafe für mein mehrfaches unerlaubtes Rauchen auch befolgte.
Natürlich, zugegeben, die Wohnung, eigentlich zwei ineinandergebaute Wohnungen mit grosser Terrasse, in den Städten Penthouse genannt, habe ich seinerzeit als besondere Gelegenheit mit sentimentalen Jugendgefühlen gekauft – und zwar mit dem Millionenbetrag, den ich kassiert hatte, als ich eine Firma völlig überteuert dem Tagesanzeiger-Verlag verkaufte und damit die viel zu grosse Dividende der Besitzerfamilie Supino etwas reduzierte.
Also das war die Ausgangslage, als mich der Anruf überraschte. Ein schicksalsschwerer Anruf, obwohl ich ihn erst im Nachhinein so beurteilte, der mich wie ein neuer Thrill herausriss aus meinem wohlmöblierten Leben (natürlich antik, wie es sich für meine analoge Generation gehört).

«Guten Tag, hier Steinmann.»
Antwort: «Hier auch! Steinmann.»
Sogleich, und das zeigte doch, dass meine Reaktionen noch nicht in Demenz eingeschläfert waren, erhöhte das schlagartig meine Aufmerksamkeit.
«Darf ich fragen, welcher Steinmann unserer in der Regel mittelständischen Familie du bist?»
Darauf eine Stimme, die mir bekannt vorkam, die ich aber seit vielen Jahren nicht mehr gehört hatte:
«Ich bin's, Nikki.»
Nun schluckte ich leer, sah zum weiss verzuckerten Piz Badella hoch, ohne Kerze, und dachte sofort, schlicht und einfach: «Unmöglich!»
Nikki, der war doch schon seit vielen Jahren, vielleicht circa fünfunddreissig, tot und beerdigt.
«Der Nikki? Mein Cousin Nikki? Höre ich mit meinen ältlichen Ohren richtig? Nikki?»
«Ja, This, und zwar nicht aus dem Jenseits, ich bin's, lebendig… Du weisst ja, seinerzeit mit deinen Offizieren in Leissigen, da sahen wir uns das letzte Mal.»
Meine Antwort, beinahe hastig, denn das konnte tatsächlich nur Nikki sein:
«Aber mein Lieber, du bist doch tot. Ich gestattete mir damals sogar, eine meiner seltenen Tränen für dich zu vergiessen. Jetzt bist du mir wohl eine grössere Erklärung schuldig.»
Dann wurde es eine Weile still im unsichtbaren Draht. Die Überraschung führte dazu, dass ich aufstand, mich ein wenig reckte und meinte, der Piz Badella sei etwas näher gekommen. Ich befürchtete daher, dass sich da Lawinen der Unmöglichkeit lösen und auf mich herabstürzen könnten. Mein Zustand würde von einem Psychiater wohl als demente Verwirrung

diagnostiziert. Falsch, jedoch sind falsche Diagnosen in der Psychiatrie ja traditionell üblich. Aber tatsächlich liesse sich mein mentaler Zustand wohl als hochgradig verwirrt bezeichnen.

«Ja, This, ich bin dir sicher eine grössere Erklärung schuldig. Doch jetzt nur kurz: Ihr habt damals nicht mich verbrannt, sondern einen Baumstamm von ähnlichem Gewicht wie dem, das ich damals hatte.»

Tatsächlich waren meine Routineferien so oder so unterbrochen, und ich staunte. Ich suchte einigermassen verzweifelt nach einem passenden Vergleich für das Erstaunen, den ich aber nicht sofort fand. Doch vielleicht kann die Leserin, der Leser es mir nachfühlen, wenn man Folgendes bedenkt:

Nikki war damals mein Lieblingscousin. Sohn meines bewunderten Onkels, der in Langenthal eine gut gehende Allgemeinpraxis führte, auch Mediziner wie mein Vater, der geizige, langweilige Professor, mit dem ich eigentlich nie etwas Vaterähnliches erlebt hatte.

Es war damals für mich das Grösste, wenn ich zu meinem Onkel und seiner flotten Frau Sonja in die Ferien durfte. Der offensichtliche Unterschied: Wir wurden streng und ärmlich-altmodisch erzogen, die Kinder meines Onkels dagegen – noch ein weiterer Sohn und eine Tochter, auch Lieblingscousine – bekamen alles, was ich für mein Leben gerne gehabt hätte. Zum Beispiel eine elektrische Eisenbahn oder lange Hosen. Ich musste nämlich kurze tragen, im Winter mit Strümpfen und Strumpfhaltern, die ich auszog, wenn ich in die Schule musste, auch wenn es unter null war.

Im Haushalt bei Sonja und dem Onkel Nunu, eine Abkürzung, die eigenartigerweise für Ludwig stand, erlebte ich die grössten Highlights meines damaligen Lebens, sei es in Leissigen in

ihrem Bootshaus oder in ihrem Ferienhaus in Grindelwald. Da genoss ich einfach Ferien in einer hundertachtzig Grad anderen Umwelt als jener, die ich zu Hause erleben musste. Nikki empfand ich als einen etwas sanften Jungen, aufgeweckt und von Natur aus ein Sympathieträger. Mit ihm, aber auch mit seiner lieben und schönen Schwester Änni, konnte ich es bestens, und ich wäre noch so gerne von meinem Onkel und der quirligen Tante Sonja adoptiert worden. Dann aber musste ich mit zwölf Jahren ins Internat. Acht Jahre lang. Danach ging ich für lange Zeit ins Militär und verlor diese Kontakte. Nikki, das wusste ich, studierte Medizin, brach irgendeinmal ab, unter anderem weil er zunehmend zuerst den leichten, dann den harten Drogen anheimfiel. Das erlebte ich direkt nur einmal, als ich mit meinen ehemaligen Militärkollegen nach Leissigen durfte und er ebenfalls mit zwei Hippie-Freunden dazustiess – allerdings alle recht bald ziemlich stoned. Meine militärischen Freunde waren darüber erstaunt, dass in diesen guten Berner Kreisen Derartiges tatsächlich möglich war. Später, in meiner Junggesellenzeit, war Nikki hin und wieder Gast an unseren ausschweifenden Partys im Schlössli, einer unter vielen.
Und so kam es, wie es kommen musste:
Eines Tages erhielten wir seine Todesanzeige, weil Nikki offenbar zu reines Heroin erwischt und sich den goldenen Schuss verpasst hatte.
Dieser goldene Schuss war also am anderen Hörer und schien diesen in Tat und Wahrheit überlebt zu haben.
Gleichzeitig rechnete ich blitzschnell nach. Er müsste heute um die sechzig sein, denn Nikki war zwanzig Jahre jünger als ich, das heisst, eher ein Nachzügler von Sonja und Nunu. All

diese Überlegungen hatten einige Sekunden gedauert, denn nun kam die zu erwartende Frage:
«Bist du noch da, This?»
Antwort von mir logischerweise:
«Natürlich bin ich noch da. Aber ich musste verständlicherweise erst den Schock deines zweiten Lebens verarbeiten.»
Nun muss ich auch das Diktat kurz unterbrechen, weil meine liebe Beatrice, wie ich damals am Telefon, bereits Zeichen der Überforderung verspürt. Das ist verständlich, wenn man feststellt, dass die Aare rosafarbig nach oben fliesst, etwa so meine Gefühlslage. Das überfordert durchschnittliche Lebensgeister.
Aber es gibt leider zu vermerken, dass dieser Zustand damals keineswegs ausgeschöpft war, denn nun kam erst das Eigentliche:
«Herrgott noch mal, Nikki, wenn du noch lebst und ich einen Baumstamm beweint habe, würde mich doch interessieren, warum du mich anrufst. Ich meine, mein allerliebster Nikki, sei mir nicht böse, mir wäre lieber, wenn alles so geblieben wäre, wie es war. Eine schöne, aber auch zugleich traurige Erinnerung fällt nun dahin! Kurz noch einmal: Warum rufst du mich überhaupt an?»
Nun wurde es etwas stiller auf der anderen Seite, denn jetzt wurde wahrscheinlich auch ihm die Aussergewöhnlichkeit der Situation bewusst. Unpassender Vergleich: Wenn man zum Beispiel feststellt, dass das Mädchen, mit dem man gerade zur Sache will, nicht irgendein Mädchen ist, sondern die uneheliche Tochter des eigenen Vaters! Ein absolut abwegiger Vergleich zum sittsam-langweiligen Leben meines von der Wissenschaft besessenen Professorvaters (Professor bin ich zwar auch, jedoch mit einem kurzweiligeren Lebenslauf). Ja,

ein weit hergeholter Vergleich, aber die Verwunderung darüber könnte ebenso riesig sein.
Nun aber kam es noch schlimmer:
«This, du musst sofort nach Hause kommen, und zwar ins Schlössli.»
Ich glaubte meinen Ohren nicht zu trauen: Was sollte der auferstandene Nikki mit meinem Schlössli zu tun haben – und warum musste ich sofort nach Hause reisen?
«Herrgott, Nikki, was soll das? Bitte mehr...»
«Ja, This, es tut mir schrecklich leid, aber ich bin in deinem Schlössli, und es ist etwas Unglückliches passiert. Setz dich sofort, und ich meine jetzt gleich auf der Stelle, ins Auto oder noch besser in dein Flugzeug und fahre oder fliege nach Hause.»
Da rief also mein Lieblingscousin aus dem Jenseits an, sass oder stand in meinem Schlössli und wollte, dass ich sofort nach Hause komme. Und hier bestätigte sich, was ich vorher schon festgestellt hatte, die Ahnung, dass es mit meinem Routineleben aus war.
Was antwortete man da?
«Nikki aus dem Jenseits, jetzt sag mir bitte, warum um Gottes willen ich sofort ins Schlössli kommen soll.»
Wieder Stille. Man darf sagen, gespannte Stille, und jeder Leser, jede Leserin, auch Transgender, wäre wie ich mit Sicherheit hochgradig gespannt gewesen. Und wie es sich gleich zeigte: zu Recht.
«Ich bin, lieber This, erschrick bitte nicht, in deinem Gelben Salon, und vor mir am Boden liegt eine Leiche, etwas genauer, eine Frauenleiche.»

2. Rückflug

Natürlich könnte man den Zustand, in den mich dieser Satz warf, als «erschrocken» bezeichnen.
Aber das trifft es nicht.
Doch zumindest die kurze Stille, die auf diese – und das ist das treffende Wort – verhängnisvolle Ankündigung folgte, könnte als erschreckend bezeichnet werden.
Dies ist die sogenannte Schrecksekunde, bevor man vollbremsend in den überholenden roten Ferrari knallt und danach in die schwarze Stille der Bewusstlosigkeit fällt oder gar den Zufallstod für einen bunten Nachruf erleidet. Ob das aber länger als eine Sekunde dauert, lässt sich danach schwerlich messen.
Bei mir dauerte das jedenfalls einige Sekunden, bevor ich beinahe ins Handy schrie:
«Was! Nikki, was sagst du da?»
Keine Antwort.
Man nennt das in der Literatur auch tosende Stille.
Da hatte dieser wie der etwas bekanntere Jesus an Ostern auferstandene Nikki (denn es war an Ostersonntag 2022, daher der naheliegende Vergleich) mir eine K.-o.-Botschaft in die Ohren geknallt und… dann hängte dieser Unchrist einfach auf.
Und nun?
Ja, ich neige zu Vergleichen. Hier lag einer mit einem Wasserfall nahe: Da fielen Fragen tosend auf mich nieder, dass es in

meinem Kopf nur so spritzte (wie die Giessbachfälle als permanente spritzlaute Kulisse in meinem letzten Roman *Verirrt in Giessbach*).
Die Spritzer hiessen nun aber: Warum? Warum? Warum? Dazu gab es im Moment nur eine Antwort, die Claudio Zuccolini, der Comedian aus dem Bündnerland, kürzlich in seinem Programm «Warum?» am Humorfestival in Arosa gab. Im früheren Erziehungsstil, das heisst also noch in meinem, hiess es entgegen den heutigen ausufernden Gesprächen mit vier- bis achtjährigen Kindern ganz einfach: «Darum!»
So weit, so unrecht.
Aber trotzdem, mit dem «Darum» war's nicht getan. Es galt vorerst eine Frage zu beantworten: Sofort abreisen oder bleiben? Und plötzlich kurz aufleuchtend auch: Stimmt das mit dem Telefonat mit dem längst toten Nikki überhaupt? Habe ich vielleicht nur halluziniert?
Nein, auf dem Handy stand ein anonymer Anruf ohne Nummer wie in der Regel nur bei den Bankern wegen des Bankgeheimnisses, das heute an einen Emmentaler mit mehr Löchern als Käse erinnert.
Klar, ich musste gehen. Denn an Ostern an meinen rührigen Schlossmeister delegieren, dem ich wie den Mitarbeiterinnen freigegeben hatte, kam nicht in Frage. Sie hatten das Schlössli abgeschlossen und gesichert.
Daraus folgte aber die rätselhafte Zugangsfrage: Woher hatte Nikki den Schlüssel und das Wissen über den Alarm?
Also eine neue Frage ohne Antwort.
Aber lassen wir dieses Problem vorläufig, denn wenn ich gehe beziehungsweise fahre oder fliege, und zwar augenblicklich, gilt es im militärischen Sinne zwei Sofortmassahmen zu treffen!

So dachte ich etwas disziplinierter und bestimmte damit ihre Reihenfolge:
Zuerst Daniel Schwerzmann anrufen, meinen Safety-Pilot, Instruktor und seit Kurzem sogar Inspektor auf meinem Flugzeugtyp, dem immer seltener werdenden Piper Cheyenne I.
Dann natürlich meine Frau anrufen, der ich irgendetwas in Richtung modernes Märchen erzählen musste. Man erlebt sie ja selten, hört sie aber öfters, merkt es jedoch nicht, weil von den Medien erzählt, und glaubt sie daher auch. Ein schönes Märchen aus meiner Jugendzeit zum Beispiel: Der billig zu habende Jaguar E, weil ein verwesendes Leichenpaar darin drei Monate auf Entdeckung gewartet hatte und man den Leichengeruch mit dem Occasionskauf inklusive erhielt (erst später habe ich das in einem Büchlein über moderne Märchen als Fake entdeckt).
Also: Daniel Schwerzmann angewählt. Und, o Wunder, trotz sonntäglicher Osterruhe nimmt er den Anruf sofort entgegen. Scheint kein religiöser Kirchgänger zu sein, trotz seines letztlich nicht ganz ungefährlichen Pilotenberufs: Lehrer von unerfahrenen Schülern auf diesem als «Complex Plane» eingestuften und als schwierig bekannten Flugzeugtyp.
«Hier Steinmann. Guten Morgen, Herr Schwerzmann, sorry für die Störung, könnten Sie sofort fliegen?»
Kurze Pause.
«Morgen, Herr Steinmann, ist es so dringend?»
Dann ich mit genügend nervösem Timbre in der Stimme:
«Ja, ist es! Nach Samedan und sofort zurück. Sie haben uns ja vorgestern dorthin begleitet!»
Er, Schwerzmann, ist ein Mann der knappen Worte und ein Macher beziehungsweise ein kurz entschlossener Pilot, wie

ich sie schätze, aber die Schwätzer sind eher in der Überzahl (bin ich einer?).

«Okay, mach ich, das heisst Start in etwa einer halben Stunde.» Er wohnt in Flugplatznähe.

«Und bei dem schönen Wetter rund fünfunddreissig Minuten später oben, das heisst etwa um halb elf Uhr. Stelle die Motoren nicht ab, erledigen Sie die Formalitäten, und dann sofort zurück. Tanken müssen wir nicht.»

Dann hängte er grusslos auf. Typisch.

Kurz: Ich hatte also eine gute Stunde Zeit. Nun zum modernen Märchen, und zwar beim Anruf bei meiner lieben Skifahrerin in Gelb.

Mit Fantasiedenken wählte ich sie an, aber weil sie wohl am Herumkurven war wie die kleine Lara Gut vor fünfundzwanzig Jahren, nahm sie keinen Anruf entgegen. David Bär, ihr Skilehrer seit gut fünf Jahren, ist kein «Gigi von Arosa», sondern ein Bergführer von altem Schrot und Korn, wie man früher zu sagen pflegte. Kennt alle Berge im Engadin wie seinen Hosensack und alle Berge der Schweizer Alpen wie seinen angejährten Rucksack.

Er nahm meinen Anruf gleich an, denn er hatte wohl sein Handy in der Hand, um den Lehrerfolg seiner harten Schule festzuhalten. Letztes Jahr hatte er es mit seinen Härteanforderungen allerdings etwas zu weit getrieben, in Unkenntnis dessen, dass Thaifrauen aus Anstand selten protestieren. Meine Liebste musste zu Beginn unaufgewärmt auf einer schwarzen Piste fahren, was sie mit einem Kreuzbandriss und dem Ende der Skisaison 2021 bezahlte.

«Hier Steinmann, können Sie, Herr Bär, mir bitte kurz meine Frau ans Handy rufen? Ich muss ihr etwas Wichtiges mitteilen.»

«Mach ich, Herr Dr. Steinmann.»
Immerhin liess er diesmal den Professor weg, und schon tönte es etwas ausser Atem:
«Was ist denn schon wieder?»
«Liebes, es tut mir leid, ich muss sofort ins Schlössli ... ähm ... die Polizei wartet auf mich. Es wurde offenbar eingebrochen. Dann haben diese Typen, ich nehme an, Asylanten aus dem Maghreb, wegen des Alarms fluchtartig das Schlössli verlassen. Ich müsse aber kommen, um festzustellen, ob etwas fehle.»
Nach einigem Hin und Her über das Wie und dem Versprechen, spätestens morgen früh zurück zu sein, war die Märchenstunde erfolgreich beendet.
Dann Marschbereitschaft erstellen und los.
Bei dem schönen Wetter wäre dies eigentlich ein Genussspaziergang von einer halben Stunde im schönen Engadin gewesen. Aber von Genuss konnte da keine Rede mehr sein.
Nun kam klar die Phase des Nachdenkens, Hypothesen wie Blumengestecke zu entwickeln, auszubauen, um sie dann in den Abfallkübel der Unwahrscheinlichkeit zu entsorgen.
Noch einmal: Wie kamen Frauenleiche und Nikki ins Schloss, ohne Schlüssel und Alarmkenntnisse? Eben nicht – wollte sagen: Beides müsste vorhanden gewesen sein.
Nikki hatte sich wohl in unserer Partyzeit den Schlüssel ohne mein Wissen beschafft, denn es gab offenbar eine mir unbekannte Anzahl von Schlüsseln. Bedeutete das vielleicht: Er hatte die Tote lebendig mitgebracht und ihr dann das «lebendig» kurzerhand genommen?
Hässliche Vorstellung. Aber auch unlogisch. Denn als Täter hätte er den Tatort umgehend verlassen und sich in sein «Grab» zurückbegeben. Niemand, wirklich niemand hätte

den Auferstandenen an Ostern im Schlössli verdächtigt. Dann eher noch mich selbst.
So müsste die Frauenleiche schon in Liegeposition und bereits am ewiglichen Ausruhen gewesen sein. Dann aber, mein Gott, könnte es nur eine meiner Mitarbeiterinnen sein, das heisst G.M., R.B. oder B.B.
Allein die Vorstellung verursachte mir Beklemmungen in der Kehle, und so spürte ich trotz des schönen Wetters, dass der Malojawind sich im Hals recht kühl anfühlte.
Aber dann: Warum rief er mich an? Überhaupt, wie kam er dazu, ins Schlössli zu gehen? Was wollte er dort?
Das Ganze wurde zunehmend ein Rätselquiz der gehobenen Art, die es nicht mehr ins Fernsehen schafft.
Folgerung: Meine Fantasie oder auch Intelligenz schien nicht auszureichen, um hierfür ein Szenario zu ersinnen, das schlüssig und realitätsnah Denkerleichterung schaffen würde. Tat etwas weh.
Ich meine, kommt bei mir eher selten vor, ausser wenn ich mich in ein sachfremdes Wissensgebiet begebe.
Vielleicht ist das eine etwas eingebildete Vorstellung. Aber Kriminalfälle sind mir nicht «sachfremd». Immerhin habe ich sieben Kriminalromane geschrieben – und für meine bescheidenen Autorenverhältnisse recht gut verkauft. Das gilt nicht für meine Pilgerkrimi-Trilogie: Zu enge Zielgruppe, und ein Teil davon empfindet einen Krimi über die Pilgerei, sei es religiös, esoterisch oder natur-leistungsorientiert oder was weiss ich, wohl als Blasphemie. Trifft wahrscheinlich auch zu.
Und vielleicht bin ich eben daran, den achten Krimi zu diktieren. Leichtes Suchtverhalten. Zugegeben!
Doch nun war ich auf dem Flugplatz Samedan angekommen und strebte sofort ins FIO (Flight Information Office). Dort

bezahlte ich nach einigem Hin und Her, weil noch nicht gelandet, die Landetaxe meiner HB-LQP und wartete ab.
Fliegen ist im Moment und Geschwindigkeit plus Höhe heisst Leben, natürlich etwas vereinfacht.
Aber zugleich, je schneller, je mehr Vorausdenken... und einiges mehr. Normalerweise wird meine Cheyenne nach Instrumenten in grosser Höhe geflogen. Das bedeutete heute: terrestrische Navigation. Denn damit es schneller ginge, würden wir diagonal von hier über die Alpen nach Bern im Sichtflug fliegen. Das hiess aber, auch nicht allzu hoch, weil der obere Luftraum dafür nicht zugelassen ist.
Nun musste ich den Anlass des Fluges völlig nach hinten in den Kopf schieben und die volle Konzentration im Cockpit ganz nach vorne. Das war dann auch eine halbe Stunde später der Fall, weil Schwerzmann den linken Platz (Captain's Seat) räumte und mir den Rückflug überliess.
Dann aber.
Schande über uns... und zwar über beide!
Und das war doch erstaunlich.
Nach dem Start kurz vor St. Moritz sah ich rechts neben uns den Sendeturm und stellte sofort fest, dass wir zu wenig Höhe gewannen. Nach vielleicht fünfzig bis hundert Starts in Samedan in den letzten dreissig Jahren das erste Mal.
Da stimmte etwas nicht. Wirklich nicht.
Auch die Geschwindigkeit war zu gering. Dann die schlagartige Erkenntnis: Das Fahrwerk war nicht eingefahren!
Die drei grünen Kontrolllämpchen des ausgefahrenen Fahrwerkes strahlten uns lachend an.
Wohl anzunehmen, dass sowohl beim Totalprofi wie auch bei mir, immerhin war ich der älteste Commercial Pilot der

Schweiz, Gleiches im Kopf ablief, als ich es dann ruckartig einfuhr.

In den Bergen in diesem Hochtal war dieser Kapitalfehler nicht ungefährlich, vor allem bei einem Motorenausfall. Das heisst praktisch keine Überlebenschance… und das mit meinen 4560 Flugstunden und einem Cheyenne-Instruktor neben mir mit noch mehr Stunden.

Der Restflug, ein herrliches Bergpanorama mit beinahe kitschigen Postkartenmotiven aneinandergereiht, verlief schweigsam. Professionelle Kommunikation nur, soweit unbedingt nötig.

Und ich… auch den Frauenleichnam und den auferstandenen Nicht-Jesus konnte ich nicht als faule Ausrede heranziehen wie ein stinkendes Handtuch, um mich reinzuwaschen: schlicht unverzeihlich.

Dafür ging es in Bern recht schnell. Kurz nach dem Aussteigen fuhr ich bereits mit meinem GLA Merz los. Grusslos, ohne das übliche Gespräch über den Flug, verständlicherweise.

Nun aber mit einer Erwartungshaltung angefüllt, wie… wie… da gäbe es tausend Vergleiche. Und einmal mehr blitzte ein völliger abwegiger in mir auf: wie eine Rekrutenschule, angefüllt mit Testosteron, am Samstag nach der Entlassung. Da musste ich selbst über meine Fantasiegespinste lachen, was die enorme Spannung während dieser Fahrt etwas reduzierte.

Im Schlössli hastete ich zur grünen Tür:

«Hoppla, nicht abgeschlossen.»

Nun zögerte ich. Meine Schrittgeschwindigkeit ging gegen null, dafür wurde jene des Herzens schneller.

«Was kommt da auf mich zu? Wie sieht dieser Nikki aus? Erkenne ich ihn überhaupt, oder wäre es möglich, ja nicht

unwahrscheinlich, dass sich da einer für Nikki ausgibt ... und ich, ich tumber Idiot, glaubte ihm einfach. Könnte ja ein Drogenfreund von früher sein. Egal.»
Ruhig ging ich die Treppe zum Kreuzgang hinauf und im etwas dämmerigen Licht darin langsam nach vorn. Dann am von der Sonne beleuchtete Entrée vorbei weiter. Immer an den alten holländischen Meistern an den Wänden vorbei, die mich als Schlossherr vielleicht begrüssten, aber von mir heute unbeachtet blieben, um nun vor dem Gelben Salon stehen zu bleiben, der auch Fumoir oder Napoleon-Zimmer genannt wird.
Aber lassen wir für heute den Napoleon, dachte ich.
Die Tür war zu.
Ein letztes Zögern.
Dann auf und hinein.
Aber da war niemand.
Kein alter Nikki.
Einfach die übliche Schlossstille und der leise Duft des Kaminholzes, das aufgeschichtet für den nächsten Winterabend bereitstand.
Doch halt ... ein anderer Duft mischte sich mit ein ...
Ein Hauch von Chanel No 5.

3. Im Zweifel

Bevor ich mit dem beginne, was mich nun völlig in den Bann zog, sei dieser Ort beziehungsweise Tatort beschrieben. Dieser wird ja in den nächsten Kapiteln im Zentrum des Geschehens stehen.
Im sogenannten Gelben Salon, dem Fumoir oder Napoleon-Zimmer, fallen einem sofort die Chesterfield-Sitzgruppe mit dem langen Ledersofa und die beiden Sofastühle im gleichen Stil ins Auge, die breit den Raum vor dem grossen Kamin einnehmen. Ein zweiter Blick zeigt, dass in dieses Lustschloss des 18. Jahrhunderts tatsächlich das britische Königreich einzog, allerdings gleichzeitig mit Napoleon. Man könnte das auch ein friedliches Waterloo im Emmental nennen.
Ja, alle Möbel in diesem grossen Salon, bis auf den mächtigen Zürcher Wellenschrank, sind aus dem 18. Jahrhundert der Insel und ebenfalls in gelbem Leder, sei es der Schreibtisch vis-à-vis vom Kamin, die grosse Schiffskommode zwischen den hohen Fenstern neben einem länglichen Kommödeli links vom Eingang und vor allem die drei weiteren Chesterfield-ähnlichen Stühle. Einer davon ist sogar ein eleganter Schaukelstuhl.
Aber warum Napoleon? An den beigefarbenen Wänden, den sogenannten Boiserien mit vergoldeten Einfassungen, hängen zahlreiche Stiche mit Themen aus der Zeit der grossen Gloire, wovon die Franzosen noch heute träumen.

Der unvergessene Napoleon hängt in exakt dreiunddreissig Variationen in diesem bernischen Schlössli, das aus der Zeit circa hundert Jahre vor dem Kaiser stammt, sondern vielmehr von damals, als das alte Bern mit den bisherigen Königen der Franzosen eng verbunden war.

Sie lieferten reichlich ärmliche Söldner, bei Louis XIV gar zwölf Regimenter, gegen gute Louis d'or, die erfreulich zahlreich in die Staatskasse, aber auch in die Kässeli der Patrizier flossen. Fliessen tat aber auch das Blut der Söldner, die blieben jedoch bis auf die Söhne der Patrizier sogenannte unbekannte Soldaten in den Gräbern Europas. Manche kamen auch krank oder als Krüppel wieder zurück... und den riesigen Berner Staatsschatz aus Jahrhunderten des Blutexportes nahm Napoleon 1798 dankend wieder zurück nach Paris.

Nun zu ihm in diesem Salon: Die meisten der dreiunddreissig Stiche betreffen Schlachten, und zwar für ihn erfolgreiche. Drei davon sind besonders: Napoleon auf einem Maultier auf dem Grossen Sankt Bernhard, Napoleon beim Ausruhen vor der Schlacht bei Austerlitz und schliesslich, sehr selten, Napoleon friedlich mit seinem kleinen Sohn von der Österreicherin.

Es versteht sich, dass ich bei Besuchern diese Napoleon-Affinität begründen muss, entweder mit einer wahren oder einer unwahren Geschichte. Die interessante ist die unwahre:

Nur dank Napoleon musste das Ancien Régime in Bern abdanken, und als Nachfahre einer Bauernfamilie aus der Gemeinde Gysenstein konnte ich das Schlössli übernehmen – und zwar 337 Jahre nach dem Bauernkrieg von 1653, als mein Vorfahre Hans Steinmann im Kriegsrat der rund vierzigtausend revolutionären Bauern mitwirkte. Gysenstein gehörte aber in den Twing von Schloss Wyl, und daher habe ich dieses im Generationenauftrag 2011 der Berner Regierung auch abgekauft (und eine Stiftung errichtet). Nun gehören beide Schlösser, die meine Vorfahren drangsaliert hatten, unserer Familie, und die Skelette aller Steinmänner drehten sich vor Freude einmal rund um sich herum.

So weit die unwahre Geschichte. Die wahre bestand einfach darin, dass ich beim Einzug ins Schlössli anfänglich nur über einige Napoleon-Stiche verfügte.

So, das sollte als Beschreibung des Raumes, wo sich meine Nackenhaare beim Eintreten sträubten, genügen, wobei ich, seit zweiundvierzig Jahren hier, dieses Ambiente natürlich kaum mehr bewusst wahrnahm.

Aber etwas hing damit zusammen. Vom Eingang aus sieht man nicht, was hinter dem langen Sofa auf dem Boden liegt beziehungsweise lag.

Das sah ich dann sofort, als ich mich einige Schritte in den Raum hineinwagte.

Sie lag auf dem Bauch. Ganz in Blau.

Eine Frau.

Der blaue Rock etwas hochgeschoben, sodass man die Kniekehlen gut sehen konnte, insbesondere bei dem Bein, das über das andere gelegt war.

In der Mitte des Rückens, beinahe wie ein leeres Kreuz an Ostern, stand senkrecht ein Bajonett, das nur etwa zur Hälfte gut gesetzt zwischen den Rippen steckte, weil ja etwas zu lang, um ohne Verlängerung am Karabiner durchzustechen.

Rundherum auf dem blauen Rock eine blutige Verfärbung, wie eine sich ausbreitende grosse rote Rose. Lange konnte sie dem Bajonett nicht Halt gegeben haben.

Dies das auffälligste des ersten Sekundenblicks.

Dann aber beim zweiten Blick: ihre Arme weit ausgebreitet und vom Kopf nur schwarze Haare sichtbar, die ihr Haupt umkränzten. Bei genauerem Hinsehen wiesen die weissen Haaransätze darauf hin, dass sie ihre Haare schwarz gefärbt hatte.
Nur nichts berühren, nicht herantreten.
Diesen Grundsatz hat jeder Fernsehzuschauer, aber ich als Krimischriftsteller erst recht, im Blut.
Die Realität ist indes nicht mit der Fiktion vergleichbar. Mein Herz schlug noch schneller. Ich spürte, wie meine Hände feucht wurden, und eine Erhöhung der Atemfrequenz.
Ich wusste vor allem: Was auch immer nun folgte, würde eine Lawine von Problemen auslösen und mein neunundsiebzigjähriges Leben ziemlich durcheinanderbringen. Auch galt es, an meinen zu hohen Blutdruck zu denken, der sich wahrscheinlich schon jetzt ausserhalb der tolerierbaren Grenzen befand.
Immerhin wusste ich, dass dieser Nikki, früher ein sympathischer, harmloser Junge, mich zu Recht angerufen hatte. Nur hatte sich dieser Kerl feige verzogen und überliess mir den ganzen Aufwisch.
Das war auch das Einzige, was mich interessierte, und die Hintergründe für diese Tat beschäftigten mich nun überhaupt nicht mehr.
Nur: Wie kam ich da ungeschoren davon? Ohne Schlagzeilen wie «Mord im Schloss!» – «Ist der Schlossherr der Mörder?» – «Das Mörderschloss im Emmental» und so weiter.
Das Nächstliegende war sicher die Polizei, in den Krimis die Abteilung Leib und Leben. Dafür wäre sie ja da.
Nur war eine diskrete Behandlung dann ausgeschlossen. Mord bleibt Mord. Und dazu noch das Rätsel um Nikki, der ja seit dreissig Jahren tot war. Da würden Journalisten zu

Detektiven und das Schlössli wie Wespen den Zwetschgenkuchen beim Tee im Garten umkreisen.

Nun gibt es natürlich auch eine andere, etwas riskantere Lösung: Ich entsorge diese Dame in Blau persönlich auf Nimmerwiedersehen. Dass ihr Tod durch einen Messerstich hier in diesem Schloss erfolgt war, lag einfach nicht auf der Hand. Sofern – und das war das Wesentliche – man mich nicht bei der Entsorgung beobachtete. Ich sagte eben Messerstich, denn es war klar, dass ich dieses Bajonett vorher entfernen musste, weil es eines der beiden war, die da oben auf dem Wellenschrank neben den vielen Säbeln, seit Jahren ausser Dienst, hervorschauten. Vielleicht sogar mit meinen Fingerabdrücken oder gar der DNA darauf.

Das Problem lag, wenn ich mich gegen geltendes Recht entscheiden würde, allerdings im Wie. Das musste klug und vorausschauend bedacht werden.

Damit reduzierte sich das Problem in Blau vor mir am Boden, mit leicht hochgeschobenem Rock und nach dem gefärbten Haar zu urteilen etwa sechzig Jahre alt, auf die Frage: Melden oder entsorgen?

Ich gebe zu, dass ich gegenüber jedem Gesetz, das ich überhaupt kenne, eine etwas ambivalente Haltung habe. Ist damit zu begründen, dass ich zu fünfzig Prozent aus dem Tessin und ursprünglich aus dem italienischen Mentalitätsraum abstamme. Das scheint ein genetisches Erbe von dort zu sein. Selbstverständlich halte ich aber Gesetze ein: A. wenn sie nützlich sind und B. wenn ein Zuwiderhandeln eine negative Auswirkung haben könnte, sofern man mich erwischt.

Doch meine moralisch-ethische Grundhaltung ist eher menschlicher Art. Etwa so: Wenn es einerseits mir und meiner Familie nutzt und andererseits niemand dadurch zu Scha-

den kommt, sind Handlungen okay, vorbehaltlich B. Familie ist hier in einem weiteren Sinne eher italienisch als *la famiglia* zu verstehen. Zum Beispiel feiern wir Weihnachten am 23. Dezember ja auch mit allen unseren Mitarbeitern, und ich fühle mich tatsächlich wie ein alter Patriarch für alle verantwortlich (was wahrscheinlich eine Illusion ist).
Auch daher wäre ein Skandal nicht gerade opportun. Das müsste man sich einmal vorstellen. Da würden meine Mitarbeiterinnen angesprochen:
«Was, du arbeitest auf diesem Mörderschloss?» – und so weiter.
Aber sicher war ich nicht.
Ich habe einen Lebensfreund: Peter Balsiger. Er begleitet mich seit der Rekrutenschule, das heisst seit dem zwanzigsten Lebensjahr. Wir haben alle unsere Lebensstadien zusammen erlebt und uns stets ausgetauscht, gegenseitig ein wenig beraten. Allerdings sind unsere Wege ganz unterschiedlich verlaufen.
Nun, ich rief ihn an.
Tatsächlich nahm er den Hörer ab. Das war keineswegs selbstverständlich, weil er das Handy oft ausschaltet. Kann sein, vielleicht nur bei mir, weil ich ihn zu oft anrufe. Das lief also etwa so ab:
«Lieber Peter, ich erzähle dir nun keine fiktive Geschichte, sondern aktuelle Realität. Genauer: Ich stehe im Schlössli im Gelben Salon vor einer Frauenleiche in blauem Kleid mit einem meiner Bajonette zwischen den Rippen im Rücken. Nicht von mir platziert. Ja, ziemlich aussergewöhnlich und aufregend. Nun bin ich in einem Dilemma und erzähl dir am besten gleich alles.»
Klar, dass ich sofort seine volle Aufmerksamkeit hatte.

Nun erzählte ich ihm der Reihe nach im Detail und ohne romanhafte Ausschmückung, was ich bis hier diktiert habe. Und schliesslich die Reduktion auf das Dilemma: Melden oder entsorgen?
Das ist hier die Frage ... ganz theatralisch wie beim Kollegen Shakespeare:
«Sein oder nicht sein?»
Verständlicherweise wurde es zuerst still. Dann folgten einige Nachfragen, die aber keine Neuigkeiten für ihn oder für mich enthielten. Dann eine gewisse emotionale Reaktion zu dieser aussergewöhnlichen Situation, in der ich mich zurzeit befand. Im Gegensatz zu unseren normalen Gesprächen fehlte jeglicher situative Witz, die jeweils üblichen zynischen Nebenbemerkungen oder gar einige dumme Lacher seiner- oder meinerseits.
Der Ton war ziemlich ernst, und er wurde noch ernster, als Peter überzeugt festhielt:
«This, du musst sofort die Polizei benachrichtigen. Es gibt dazu keine Alternative. Das ist geltendes Recht. Du kannst keinen Mord verheimlichen. Auch wenn es dir im Moment schadet. Der Schaden wird noch viel grösser, wenn man dich bei der Vertuschung erwischt, denn dann wird man zu Recht annehmen, dass du selbst der Mörder bist. Das ist meine Auffassung. Dazu gibt es kein ‹Aber›.»
Natürlich versuchte ich, die Argumente für und dagegen anzuführen und ihm vor allem die Konsequenzen eines Mordes ohne jeden erklärbaren Hintergrund hier bei mir darzutun.
Aber nein, er blieb stur wie ein Wecker bei seiner Ansicht, ohne jeden inneren Zweifel. Peter ist tatsächlich in dieser Hinsicht ganz anders als ich. Dazu könnte ich Beispiele nennen, aber das gehört nicht hierher.

Oder anders ausgedrückt: Seine Auffassung änderte nichts daran, dass ich das Entsorgen der ungebetenen älteren Dame im Haus als eine ernsthafte Alternative ansah.

Als erfahrener Offizier wollte ich diese Lösung erst einmal sorgfältig planen, durchspielen, um zu wissen, ob es überhaupt gelingen könnte, ohne dabei beobachtet zu werden.

Das Gespräch war also kürzer, als ich gedacht hatte. Nun begann ich mit Überlegungen zum konkreten Wie der Entsorgung dieses Sondermülls.

Gerade als ich einen ersten Ansatz fand, nämlich zum richtigen Zeitpunkt der Aktion, das heisst zwischen drei und vier Uhr morgens, öffnete sich plötzlich die Salontür.

Da stand ein etwas untersetzter, kräftiger Mann in einem grauen Anzug, mit grau meliertem Haar über einem sonnengebräunten Gesicht. Bevor ich etwas erstarrt zu einer Frage anheben konnte, sagte dieser Mann leise:

«This, ich bin's, Nikki.»

4. Monolog zu einer Leiche

Es wäre interessant gewesen, in diesem Augenblick ein Foto von mir zu schiessen. Mein Gesichtsausdruck hätte sich wenig kontrolliert gezeigt, keinesfalls ein Pokergesicht, sondern Verwunderung, Neugier und Empörung und vielleicht sogar etwas Hilflosigkeit hätten sich in meinem Mienenspiel offenbart.

Aber dieser Nikki, in dem ich kaum etwas vom früheren wiederfand, vielleicht bis auf die Stimme, mimte seinerseits Betretenheit, ja sogar etwas schuldhafte Einsicht, was ich aber sofort verbal konkretisiert haben wollte.

Von Wiedersehensfreude fand sich da keine Spur.

Bei beiden nicht.

Vor mir stand ein Mann, wahrscheinlich in den Sechzigern, vielleicht auch nur frühzeitig gealtert, braun gebrannt, aber mit einem von der Sonne gegerbten Gesicht, welches auf ein eher raues Landleben im Freien hindeutete. Er kam mir vor wie ein Gärtner, der vor einiger Zeit einen Sechser im Lotto gewonnen hatte. Seine gebräunten, sichtlich kräftigen Hände bestätigten, dass er das Zupacken im Freien gewohnt war.

«Soso, du bist also der heute an Ostern wie Jesus auferstandene Nikki, wobei die heutige Zeitgleichheit wohl die einzige Verbindung zu diesem ist, der mir nun in meinem schönen Fumoir im Schlössli ein Ei der Sonderklasse gelegt hat.

Setz dich. Nur kein Drumherumgerede, alles andere kann warten. Du hast das Wort, wahrscheinlich für eine längere Osterpredigt, das heisst eine vollständige Erklärung.
Los, ich höre dir zu, der sich als mein Cousin Nikki ausgibt. Sofort!»
Natürlich erschien mir die Situation reichlich skurril: hinter mir eine erstochene, unbekannte Frau auf dem Parkett, und vor mir setzt sich der glückliche Gärtner auf den Schreibstuhl und ringt doch ein wenig nach Worten.
Es herrschte, was man in der Literatur auch erwartungsvolle Stille nennt.
Kurzer Moment also, diesen Lottogewinner zu beschreiben. Er zeigte sich elegant in einen grauen Flanellanzug gekleidet, mit frisch gebügeltem weissem Hemd und einer glänzenden rot-blau gestreiften Krawatte. Nur bei genauerem Hinsehen sah man, dass die Ellbogen etwas glänzten. Also eher eine Arbeitskleidung. Ich fragte mich, ob das das Outfit ist, mit dem die braven Katholiken zur Ostermesse pilgern, wobei ich nicht wusste, ob dies heute ein Anlass zum Sonntagsoutfit war, um auf dem Weg zur Kirche noch schnell eine Frau abzustechen. Lag ja nicht gerade nahe.
Aber ohne Zweifel, der Mann sah gut aus. Gerade mit diesen grau melierten, hübsch gestutzten Haaren hatte er wahrscheinlich bei Frauen erhöhte Chancen. Wohl aber nur dann, wenn sein Portemonnaie oder präziser sein Bankkonto mit seinem Aussehen korrelierte.
Allerdings ist das nicht sicher: Frauen älteren Datums, die selbst über die entsprechenden Mittel verfügen, könnte dieses Männliche vor allem in liegender Position genügen. Ihre Bedürfnisse richten sich nunmehr weniger aufs Materielle als auf die verlorenen Erinnerungen. Da lag ich, wie sich zeigte, nicht so falsch.

Klar, auch ein Vorurteil: Kleider machen auch aus armen Schluckern Leute, aber es besagt sehr wenig über die Menschen selbst. Wenn ich mich damit verglich, in meinem abgetragenen grünen British-Cordhose-Look mit ebenso grünem Cord-Gilet und offenem blauem Hemd, wirkte ich wohl eher wie ein alter Mittelständler in Rente. So kann man sich täuschen, da man von einem Doppelschlossherrn mit einigem Hintergrund wohl doch etwas mehr Eleganz erwartet.

Aber das waren alles schwätzige Nebengeräusche in meinem Kopf. Was jetzt interessierte, war, dass er jetzt gefälligst rausrückte mit dem Was, Warum, Wie und so weiter, und zwar im weitesten Sinne.

«Der sich Nikki nennt, soll endlich loslegen, ich warte!»

«Ja, ich bin Nikki ... und ich habe sie nicht umgebracht ... das musst du mir glauben», stammelte der elegante Gärtner eher etwas unbeholfen.

Ich darauf nur:

«Mehr! Mehr!»

Ich genoss dabei wieder einmal meinen dominant militärischen Ton, den ich vor langer Zeit gerne angeschlagen, leider aber jetzt nicht mehr oft die Gelegenheit dazu hatte. So fuhr ich fort, denn das reichte mir als Erinnerung an die guten alten Zeiten im Felde nicht:

«Und zwar von vorne an, das heisst, als wir dich beziehungsweise deinen Baumstamm im Bremgarten-Friedhof kremierten. War er denn aus Eiche oder aus Fichte?»

«Fichte.»

Immerhin hielt er sich an ein heimisches Gewächs, das ja auch besser brannte.

«Weiter, weiter!»

«Ich weiss, lieber Cousin This, das ist schwer nachzuvollziehen... ist ja auch lange her... und wer erinnert sich schon noch an mich? Die Meinen sind ja zwischenzeitlich alle weggestorben. Ich meine die engere Familie. Ich bin sozusagen der Letzte, darf es aber öffentlich nicht sein. Nur trauere ich der Familie schon lange nicht mehr nach, wie sie mir ja damals auch nicht von ganzem Herzen...»
«Komm nun bitte zur Sache», blaffte ich ihn fast schneidend an in meiner Ungeduld und ehrlicherweise Neugierde... wobei Letztere beinahe unerträglich wurde... und, sorry, das war auch gut so. Denn man sagt zu Recht, die Neugierde zu verlieren sei ein Zeichen von Vergreisung. Ich negierte bisher eigentlich recht erfolgreich mindestens das Bewusstsein, mit dem chronologischen Alter Schritt zu halten.
Sorry, hierzu ein stolzer Einschub:
Immerhin habe ich 2019 mit meiner lieben Arom zweimal den ganzen spanischen Jakobsweg, sinnigerweise Camino Francés genannt, abgepilgert, und zwar zum ersten im Frühjahr und zum zweiten im Herbst. Mit siebenundsiebzig Jahren. Hallo! Mach's nach! Immerhin zweimal achthundertsiebzig Kilometer. Ich gebe zu, darauf bin ich stolz und erwähne dieses «Ich bin dann zweimal weg» oft und ungebeten. So auch hier.
Doch zurück zu Nikki, der endlich etwas präziser wurde und nun zu einem eigentlichen Monolog vor einem Lebendigen und einer Toten anhob:
«Du erinnerst dich ja an meinen Tod im Herbst 1988. Ich war damals sechsundzwanzig Jahre alt, ziemlich weit im medizinischen Studium, aber daneben zunehmend drogenabhängig. Ich probierte so ziemlich alles, was auf dem Markt erhältlich war, zu Beginn auch ein wenig aus wissenschaftlichem Interesse, aber dann nur noch aus Heroinsucht.

Ich verwendete praktisch alles Geld, das ich von den Eltern erhielt, um den Nachschub aufrechtzuerhalten. So ging es relativ rasch bergab.

Du hast mich ja erlebt, damals in Leissigen mit deinem Offiziersclub. Ich weiss sehr wohl, dass ich dich schockiert habe. Aber die Sucht war schon viel zu weit fortgeschritten, als dass ich mich hätte beherrschen können.

Tut mir leid für alles, was dann kam. Ich habe tatsächlich einen zu reinen Schuss bekommen, weil das Heroin bisher jeweils ‹gestreckt› war. Das wusste ich eben nicht. Und wenn dann wirklich reines Heroin geliefert wird und man die Spritze wie üblich setzt, kann es die letzte sein.

Ich fiel ins Koma und war ganz sicher nahe am Tod.

Dann geschah etwas Besonderes: Ich erwachte aus dem Koma, ziemlich ähnlich wie in einer Intensivstation, aber – und das war doch erstaunlich – in einer Privatpraxis. Dieser Arzt, dessen Namen ich nicht nennen will, hat mich als hoffnungslosen Fall zu sich nach Hause genommen und mit einer privaten Entwöhnung begonnen.

Offiziell hat er im Spital meinen Tod festgestellt, und meine lieben Verwandten haben mich ja auch praktisch tot im Koma gesehen, haben deshalb dem Arzt geglaubt. Er lieferte den Baumstamm im Sarg zur Verbrennung.

Was beabsichtigte er? Er wollte sich auf Drogen und Drogenentzug spezialisieren und hatte dazu verschiedene Ideen. Eine wollte er mit mir realisieren. Ich weiss sehr wohl, dass dies eine grenzgängige, ja illegale Sache war. Aber ich hatte nichts dagegen.

Er verschaffte mir, wie auch immer, eine neue Identität, nachdem ich mehr oder weniger mit Methadon entwöhnt worden war. Dann vermittelte er mich zur Deutschen Bundeswehr beziehungsweise zur Deutschen Marine, denn ich hiess nun Nikki Heinmann, war Deutscher und aus der Nähe der Schweizer Grenze bei Basel stammend. Daher hätte ich meine Jugend in der Schweiz verbracht. Jedenfalls gelang es ihm, dass ich als beinahe fertiger Mediziner auf das Segelschulschiff ‹Gorch Fock› kam, zwar nicht als künftiger Marineoffizier, aber als Gehilfe des Marinearztes.

Seine Idee: Später eine Stiftung zu gründen, die ein Segelschiff besitzt, das dann für jugendliche Drogensüchtige verwendet wird. Im Nachhinein muss ich sagen: Die Idee war nicht schlecht, sie wurde aber erst 2012 mit der ‹Salomon›, einem Dreimaster, umgesetzt.

Die Zeiten auf der ‹Gorch Fock› waren hart und bedeuteten eine ganz neue Welt für mich. Im Prinzip auch eine vollständig gelungene Entwöhnung, denn normalerweise wird man die Sucht nie ganz los.

Also das harte Leben auf dem Segelschiff mit hunderteinundvierzig angehenden Marineoffizieren war hart, denn obwohl ich eigentlich einen ruhigen Job hatte, half ich jeweils als Matrose aus und lernte so auch ein bisschen das Segelhandwerk. Nach zwei Jahren hatte ich aber genug. Ich war knapp dreissig, hatte keinen Beruf ausser Kenntnissen im Segeln und ein bisschen in theoretischer und praktischer Medizin. Das raue Leben an der Luft liebte ich aber, und so hatte ich die Blitzidee, mich bei der Fremdenlegion zu bewerben. In Strassburg. Ich wurde angenommen, als Deutscher, und kam für die Grundausbildung nach Aubagne, später nach Korsika. Die knallharte Ausbildung war kein Problem für mich, ja ich genoss wieder das Zusammensein mit den Kameraden. Dazu noch mit dem Schiessen et cetera, das mir besonders gefiel. Da ich mich trotz meines Alters auszeichnete, wurde ich dem 2. REP zugeteilt, also dem Fallschirmjäger-Regiment der Legion, das damals für besondere Einsätze in Afrika vorgesehen war – und wohl noch ist.

Ich mag dir nicht alles erzählen. Es wäre abendfüllend. Und ja, ich habe getötet, nicht übertrieben viel, aber doch genügend.

Ich wurde sogar Caporal, und nach siebeneinhalb Jahren bot man mir die Verlängerung des Vertrages an, sogar unter Beförderung zum Sergeanten. Der Abschied fiel mir daher nicht so leicht. Aber ich hatte genug von dieser erzwungenen Disziplin, dem permanenten Risiko bei den Einsätzen, unter anderem dem, von einem unerfahrenen Jungen angeschossen zu werden, und gab auf.

Nach meiner Entlassung, das heisst mit gut siebenunddreissig Jahren, kehrte ich mit meiner neuen Identität zurück und fuhr direkt ins Tessin. Ich war in der Legio Patria Nostra an ein südliches Klima gewöhnt, wollte nicht mehr in den Norden zurück und schon gar nicht aufs Meer.

Ich hatte ein paar Ersparnisse, sowohl von der ‹Gorch Fock› als auch der Legion, und natürlich erhielt ich eine kleine Legionspension. Die Frage war, nachdem ich ein Zimmer in Locarno gemietet hatte: Was nun?»

Bis dahin hatte ich Nikki ruhig zugehört. Seine Erzählung war zwar schlüssig und auch nicht zu langfädig. Aber trotzdem wollte ich nun endlich wissen, wie es zu dieser blauen Frauenleiche hinter mir gekommen war. Vielleicht sollte ich ihm ein bisschen auf die Sprünge helfen:

«Lieber Nikki, hochinteressant, beeindruckend, aber nun sobald als möglich zum Zusammenhang mit der Frau dahinten, die sich scheinbar mit meinem Bajonett im Rücken ausschläft.»

«Wart's ab, du wirst gleich sehen, um was es geht. So weit allerdings nur, wie ich es selbst sehe.

Wie gesagt, in Locarno musste ich eine Beschäftigung finden. Aber ich hatte keine Arbeitsbewilligung in der Schweiz, und wahrscheinlich war mein Aufenthalt auch illegal. Einen bei der Steuer angemeldeten Job konnte ich also nicht anstreben. Einmal mehr in meinem Leben trat der Zufall in dieses hinein, und zwar in Gestalt einer gut erhaltenen Sechzigjährigen oder etwas mehr, einer Frau, die ich auf der Grande Piazza kennenlernte. Das Gespräch mit ihr war interessant, sie war literarisch gebildet, an vielem interessiert, und vor allem war sie eine deutsche Witwe, die den Sommer in ihrem Ferienhaus im Tessin verbrachte. Im Übrigen blond, recht mollig, aber nicht dick, sehr gepflegt, in zeitlosem Stil gekleidet. Eine Dame, früher sagte man dem ‹gut konserviert›.

Du musst wissen, ich hatte bisher keine längere Frauenbeziehung gehabt. Die Drogenzeit, die Schiffszeit und die Legionszeit liessen etwas Ernsthaftes gar nicht zu. Ja, ich ging zu Prostituierten, zeitweilig auch oft. Aber nicht so regelmässig, weil man auf See oder gar in der Legion keine Gelegenheit dafür hatte.

Diese Frau, sicher weit über zwanzig Jahre älter als ich, lebte allein in diesem Haus mit üppigem Garten in Gordola am Berg. Es ging nicht allzu lange, und ich zog bei ihr ein. Meine Beschäftigung könnte man als ‹Allrounder-Gesellschafter› und insbesondere für die sexuellen Wünsche einer zu kurz Gekommenen bezeichnen. Ich glaube sogar, wir beide lernten auf diesem Gebiet dazu und perfektionierten uns.

Trotzdem, ich spürte zwar rege Sympathie, aber keine eigentliche Liebe zu ihr. Umgekehrt kann das der Fall gewesen sein, ich weiss es nicht. Weisst du, ich war früher ein etwas wei-

cher, sympathischer Junge, aber die Härte meiner jüngsten Vergangenheit gab mir den notwendigen männlichen Touch, der offenbar bei der älteren weiblichen Generation noch beliebt war und ist.
Ja, ich lebte recht gut, wie die Made im Speck, auch wenn ich zur Abwechslung mal an jüngerem Fleisch und Blut naschte. Nina von der Walde, so hiess sie, fuhr zeitweise nach Deutschland, nicht zuletzt zur Behandlung einer Krankheit, die sie mir nie so genau beschrieb. Eines Tages, nach längerer Abwesenheit, erhielt ich einen Brief eines Notars, wonach sie mich als alleinigen Erben dieses Ferienhauses einsetzte und mir auch ihr kleines Barvermögen im Tessin vermachte. Sie war, für mich völlig überraschend, gestorben.
Damit hatte ich fürs Erste ausgesorgt. Aber auf die Länge ging das nicht, denn diese rund hundertfünfzigtausend Franken flossen schneller weg, als man allgemein erwartet. Ich wollte jedoch nun in meinem Häuschen bleiben.
Das hiess, einen neuen Beruf im Tessin finden. Ich dachte nach und stellte fest, dass es doch etwas gibt, was ich sehr gut konnte.
Allerdings ist das im Endeffekt, so meine Beurteilung nach einigen Jahren, kein Beruf, sondern eher eine Berufung.»
«Nikki, du spannst mich auf die Folter. Ich weiss jetzt über deine abenteuerliche Vergangenheit Bescheid, aber mich würde nun doch die Gegenwart interessieren: was du überhaupt mit mir, meinem Schlössli und dieser nicht mehr ganz jungen Leiche zu tun hast. Also noch einmal, komm jetzt bitte zur Sache.»
Ich war noch ungeduldiger geworden. Irgendwie fühlte ich mich unwohl in der reinen Zuhörerrolle. Vielmehr ging es doch darum, zu überlegen: Was machen wir hier und jetzt?

Handeln nach der korrekten und vorsichtigen, aber wenig aussichtsreichen Art von Peter? Oder aber, und zwar ebenfalls jetzt, wir oder besser noch er allein erledigt die Sache so schnell als möglich auf die diskrete, aber definitive Art. Und ich verschwinde umgehend wieder ins Engadin.

«Also du willst meinen Beruf beziehungsweise man kann sagen meine Berufung wissen? Ich hoffe, du bist nicht allzu schockiert.»

«Ich glaube, mein Schockpotenzial hast du bereits mit der Dame mit den gefärbten Haaren ausgeschöpft, also los!»

«Mein lieber This, ich wurde ein professioneller Heiratsschwindler.»

5. Dialog zu einer Leiche

Was antwortet man da?
Tatsächlich bin ich in meinem langen Leben vielen Schwindlern begegnet. Bei Bankern beinahe notorisch und bei schönen Damen hin und wieder. Allerdings waren das dann Schwindlerinnen ... aber eher vom Typ Teilzeit.
Das nimmt mit zunehmendem Alter nicht ab, sondern bleibt wegen der Verdickung des Portemonnaies und des Bankkontos ähnlich. Daran gewöhnt man sich, und ich habe auch nichts dagegen. Das gehört zum Leben, wenn man materiell etwas mehr als andere anhäufen konnte. Allerdings gibt es Ausnahmen, die lohnt es sich zu hegen – und pflegen tun sie einen dann.
Nun, aber einen Heiratsschwindler hatte ich noch nie im Leben getroffen, und dann noch meinen ehemaligen und nun auferstandenen Cousin, mit einem blauen Osterlamm inklusive. Dass dies in der Familie liegen könnte, und zwar auf der emmentalischen Seite, erstaunte mich nun doch, weil ich diese eher als Langweiler, meist spezialisiert auf ein bestimmtes Gebiet, in Erinnerung habe.
Doch zuerst zu Konkreterem:
«Ein interessanter Beruf, mein Lieber. Kenne ich persönlich nicht so gut. Was mich aber zuerst interessiert: Wer ist die schweigsame Frau hinter mir?»
Er zögerte einen Moment, blieb weiterhin ernst und antwortete:

«Sie heisst Yvonne Klein, Mitte sechzig, Witwe eines Fabrikanten von Präzisionsgeräten irgendwelcher Art aus Deutschland, und sie lebt auch im Tessin.»
«Jetzt wohl nicht mehr. Aber bevor ich auf deinen Beruf eingehe, möchte ich doch wissen, wie diese Frau Klein, wahrscheinlich eine reiche Witwe, in mein Schlössli kommt.»
«Das hängt eben mit meinem Beruf zusammen. Es gibt in diesem Risiken, und hin und wieder geht es schief.»
Mein flotter Cousin in seinem wohlhabenden Gärtnerlook war mir da zu wenig präzise. Ich musste wohl ein bisschen direkter werden:
«Nikki, hör mit diesem blöden Geschwätz auf. Jetzt sag mir klipp und klar: Wieso liegt die da mit einem Bajonett von mir im Rücken und schläft sich aus, wahrscheinlich länger als ihr ganzes bisheriges Leben?»
«Ja, das ist dumm gelaufen, zugegeben, und auch rätselhaft. Ich lebe ja im Tessin. Aber ich sage den Frauen jeweils, dass ich vermögend sei und in der Deutschschweiz ein Schlössli besitze, aus klimatischen Gründen aber nie dort wohne.
Die meisten begnügen sich mit den schönen Fotos, die ja meist von dir stammen, weil sie öffentlich zugänglich sind. Ganz selten will eine ‹mein Schlösschen› anschauen. Diese Frau habe ich nun zu Ostern hier zum Tee eingeladen. Ich mag dir nicht erklären, wieso ich jeweils weiss, wann du deinem Personal freigegeben hast. Den Schlüssel, wie du zu Recht vermutest, habe ich noch aus der Partyzeit, in der du mir auch einmal den Alarm erklärt hast.»
Also ganz so, wie ich vermutet hatte. Ich bin und war einfach zu unvorsichtig und zu vertrauensselig. Bei einem Cousin glaubt man natürlich nicht daran, dass er dies einmal ausnutzen könnte. Mein Fehler. Ist ja nicht der einzige, den ich in

meinem langen Leben gemacht habe, aber im Bereuen bin ich nicht gerade Meister. Hier allerdings schon. Dieser fiese Sauhund fuhr fort:
«Wir sind aus dem Tessin nach Bern gefahren, haben dort im ‹Schweizerhof› übernachtet und sind dann heute Morgen nach Ursellen gekommen. Im Schlössli habe ich festgestellt, dass zum Tee auch Kuchen gehört, den ich in der Stadt nicht eingekauft hatte, weil eben Ostern war. Schwierig. Also sagte ich zu ihr:
«Liebste Yvonne, ich fahre jetzt schnell nach Münsingen, weil dort die Confiserie Berger meines Wissens immer auch an Feiertagen bis dreizehn Uhr offen ist, und kaufe uns einige Patisserie-‹Stückli›.»
Also fuhr ich nach Münsingen, vergass aber dummerweise, die Tür abzuschliessen, und als ich nach fünfundvierzig Minuten zurückkam, lag sie so da, wie du sie jetzt siehst. Ein Jemand oder eine Jemandin muss mir gefolgt sein und hat dann die arme Yvonne und meine Altersversicherung abgestochen. Recht impulsiv mit einer deiner Stichwaffen. Darauf habe ich dich angerufen. – Die ‹Stückli› sind noch da, möchtest du Kaffee oder Tee?»
Letzteres war doch ziemlich kaltblütig…, aber gar keine so schlechte Idee. Mittlerweile ging es gegen halb zwei Uhr, und ich hatte tatsächlich ein Loch im Magen, das es trotz dieser Frau Klein zu füllen gab.
Vielleicht liess es sich bei Tee und etwas Patisserie leichter sprechen, denn nun war eine Vertiefung in seine berufliche Tätigkeit oder Berufung, wie es Nikki nannte, angezeigt. Dieser Jemand oder diese Jemandin musste ja in irgendeiner Weise noch in der Nähe sein, und vielleicht wäre es doch gut, mehr darüber zu erfahren. Andererseits, *first things*

first, das heisst, das primäre Thema blieb: Wie werden wir die Dame los?

Denn je länger ich über meinen Cousin nachdenke, desto problematischer wird das Einbeziehen der Polizei als deinen Freund und Helfer. Dann würden sozusagen zwei Skandale auffliegen. Ein bisschen viel nach dem so heiligen Osterfest … Urbi et Orbi dahingestellt.

«Mein lieber Nikki, einverstanden. Geh in die Küche, mach uns Kaffee und serviere die Süssigkeiten. Wenn du so weit bist, rufst du mich.»

Vorsichtshalber holte ich in der Zwischenzeit meine Glock – mit sechzehn Neunmillimeterpatronen – aus dem Geheimfach der Kommode und legte mich dann für etwa eine Viertelstunde im Schlafzimmer auf mein Bett, um über das weitere Vorgehen nachzudenken:

«Also, die Frau muss weg, auf Nimmerwiedersehen verschwinden. Aber ich will nichts damit zu tun haben.»

Das war mein primärer Gedanke. Folglich: Der liebe Nikki muss sie mit seinem Auto wegtransportieren und dann am besten an einem Ort, wo er nicht beobachtet werden kann, zwischen halb vier und vier Uhr morgens in der Aare entsorgen. Selbstverständlich gilt es zuerst, das Bajonett zu reinigen und zu sichern. Wegwerfen wäre doch schade um das gute Stück, an dem viele Erinnerungen aus meiner Dienstzeit hängen.

Etwa so meine Gedanken, die ich nun dem Sexprofi Nikki bei Kaffee und Chüechli beibringen wollte.

Das tat ich auch eine Viertelstunde später. Und er, nur leicht schuldbewusst, war mit allem einverstanden.

Das hiess andererseits auch, dass wir nun bis spät in die Nacht Zeit hatten, uns in Ruhe über seinen besonderen Beruf, aber eben auch über Hypothesen nachzudenken, wer diese Yvonne Klein wohl abgestochen haben könnte. Allerdings müsste der Verlad trotzdem bald geschehen, weil bis dahin die sogenannte Totenstarre eingesetzt hatte, und so würde es schwierig. Als Krimischriftsteller bin ich da leicht vorgebildet. Doch zuerst:

«Nikki, erzähl mir ein bisschen mehr über deine Berufung als Heiratsschwindler. Bisher hatte ich mit dieser Berufsgattung nur wenig zu tun. Wo lernt man das?»

Wenn jetzt ein Dritter in den Gelben Salon eingetreten wäre, hätte er zwei gestandene Herren gesehen, die wie zwei Frauen in oder nach der Menopause Kaffee trinken, einer ein Himbeertörtchen essend, der andere ein Vermicelles-Törtchen. So hätte er vielleicht ein bisschen gestaunt, dass da kein Cognac dabei war, und um diesen weibischen Outlook zu verringern, sagte ich dann auch:

«Nikki, warte noch, möchtest du einen Cognac? Das wäre heute gar nicht so schlecht, mit einem alten Courvoisier die Magenwand zu reinigen und noch einiges mehr. Was meinst du?»

Klar war er sofort einverstanden, und ich holte aus dem Schrank zwei bauchige Gläser und eine Flasche alten Courvoisier, die schon ziemlich angestaubt war, weil kaum je gebraucht. Aber es lagen ja auch nicht so oft abgestochene blaue Frauen im Gelben Salon. Andere schon, aber ohne Bajonett und eher auf dem Sofa, und auch nicht in Blau, sondern eher in Naturfarben, hin und wieder die Beine auch angewinkelt. Doch das war schon lange her.

Nach dem ersten Schlückchen wiederholte ich:

«Also noch einmal: Wo hast du den Beruf des Heiratsschwindlers gelernt?»

Nun leerte er sein Glas in einem Zug, schnalzte dazu mit der Zunge, weil in dieser Hinsicht die Legion noch nachwirkte. Dann griff er gleich selbst zur Flasche und schenkte sich das Glas recht voll ein.

«Lieber Cousin This, das lernt man nicht, das ergibt sich. Die Sache mit der Frau von Walde war so erfolgreich, dass ich mir überlegt habe, es muss doch im Tessin noch mehr Witwen von vermögenden Deutschen geben, die unter einem physischen Defizit leiden. Ich meinte, es sei gar nicht so einfach, dieses Defizit in den eher sittsamen Kreisen dieser Gesellschaftsschicht diskret zu füllen. Also hiess es für mich herauszufinden, wo ich derartig bedürftige Witwen finden könnte. Das war leichter, als ich dachte, nachdem ich Telefonbücher gewälzt und diskrete Gespräche mit Angehörigen der Post oder verschiedenen Gemeinden geführt hatte. Natürlich nicht überall erfolgreich, aber hin und wieder lag ich doch richtig. So fand ich bald eine erste Bedürftige.

Nun muss ich allerdings zwei Dinge vorwegschicken: Der Begriff ‹Heiratsschwindler› ist für mich nicht ganz der richtige, denn ich habe nie eine von diesen Frauen geheiratet, auch nie die Ehe versprochen. Das war auch gar nicht nötig. Ich erreichte das pekuniäre Ziel auch ohne Heiratsversprechen.

Dann entwickelte ich, intuitiv vielleicht, eine neue Methodik, die ich bei meinen Recherchen im Internet über Heiratsschwindler nicht gefunden habe. Willst du das überhaupt so genau wissen?»

«Natürlich will ich das wissen. Als ehemaliger Professor auf einem Gebiet, wo das Wissen über Neuigkeiten, welche quotenfüllend sind, Teil der Medienwissenschaft ist, interessiert mich das. Also, erzähl mir deine neue Methode der Heiratsschwindelei ohne Heirat. Das könnte ja direkt ein Romanthema abgeben.»

«Du kennst doch das sogenannte Schneeballsystem. Mit anderen Worten, ich beschränkte mich nicht auf eine, sondern ich fügte immer neue Witwen der Zielgruppe hinzu. Das heisst, wenn ich eine dieser lieben Frauen aus irgendeinem ‹triftigen Grund› – zum Beispiel wegen vorgeblicher Krankheit in meiner Familie, vorübergehender persönlicher Bedrängnis, Liquiditätsproblemen oder was weiss ich – um Geld anpumpte, gab ich es in etwa zwischen dreissig und fünfzig Prozent oder mehr wieder zurück. Bezahlt von der Nächsten. Das führte zum bleibenden Vertrauen, damit ich den Vorgang auch wiederholen konnte. Allerdings musste ich in einer bestimmten Frequenz immer wieder eine neue vermögende Witwe hinzufügen.

Die ganze Methode ist so nicht einfach. Es gilt, Termine zu koordinieren, allseitige Kommunikation aufrechtzuerhalten, mit mehreren gleichzeitig. Nur dank WhatsApp, SMS und E-Mail war das möglich, zum Teil mit Botschaften, die ich mit jeweils geänderter Adresse an alle gleichzeitig weiterleitete.

Mit anderen Worten, die moderne elektronische Kommunikation erleichterte den Schneeballprozess. Selbstverständlich galt es oft zu begründen, warum ich geschäftlich anderweitig beschäftigt war. Und, ganz klar, der Ort der Handlung musste bei der Zielgruppe zu Hause sein, weil in meinem kleinen Häuschen der wechselnde Verkehr doch aufgefallen wäre.

Du wirst staunen, lieber This, das klappte besser, als ich selbst geglaubt hätte. Es gilt zu bedenken, dass die Witwen, meist im Alter zwischen sechzig und fünfundsiebzig, auch keinen so häufigen Bedarf hatten, den ich – wenn dann – aber reich-

lich und intensiv erfüllte. Natürlich ist das sogenannt ‹politisch unkorrekt›, aber es entsprach einem Bedürfnis.
Im Übrigen, einer meiner Ausgabenposten war die sogenannte blaue Pille. Mehr als fünf Damen zu begleiten geht allerdings nicht. Von Zeit zu Zeit musste ich, in der Regel bei den Ältesten, mit der Ausrede gesundheitlicher Gründe bei einem stimmigen Candle-Light-Dinner den Abschied nehmen. Ich glaube, diese letzte Möglichkeit in ihrem Leben, die Sinneslust noch mal so richtig zu geniessen, war ihnen den Verlust von etwa fünfzig bis siebzig Prozent ihrer Investitionen wert, je nach Vermögen zwischen fünfzig- und zweihunderttausend Franken. Keine hat mich je angeklagt.»
«Und das gab nie Probleme? Frauen sind doch in der Regel nicht so einfach, jedenfalls nach meiner Erfahrung, wenn man eine Geschichte beendet. Bei mir wurde es eigentlich immer dann noch teurer. Ich sagte oft, ich wäre noch gerne mit mir selbst verheiratet gewesen und würde mich dann von mir trennen, weil es sich ziemlich lohnt.»
«Nein, This, es ging immer gut. Du musst einfach bedenken, diese Witwen, oft allein, reich, isoliert im Tessin, aber an das südliche Klima gewöhnt, waren für diesen Dienst dankbar. Aber wenn ich mit Geschick irgendein unangenehmes Leiden simulierte, waren sie andererseits auch froh, dass sie dann in diesem Alter nicht noch als Pflegerin wirken mussten. Klar, das ging nicht ohne einiges Geschwätz und kommunikativen Nachhall ab. Aber bis vor einiger Zeit ging das glatt. Doch zugegeben, das hat sich in der letzten Zeit geändert.»
«Interessant, warum und wie?»
Nun trank ich ebenfalls das Glas leer und schenkte neu ein. Ich musste ja heute nicht mehr fliegen und nur meiner lieben Arom beibringen, warum ich erst morgen ins Engadin

zurückkommen würde. Nach meinem Plan musste ich zwar bei der Entsorgung nicht dabei sein, aber immerhin Nikki helfen, die Dame in Blau sanft in seinen Kofferraum zu legen. Trotzdem interessierte mich die Geschichte weiter, denn irgendwie könnten die neuen Probleme mit dem Grund für den schnellen Stich – ungefragt mit meinem Bajonett – in eine mir fremde Frau zusammenhängen. Nicht dass mich ihre Geschichte übermässig interessierte, aber meine Neugierde an kriminellen Vorgängen war geweckt, weil wie gesagt vielleicht als Romanstoff geeignet.

«Also Nikki, los, was waren deine Probleme?»

«Tja, ich wurde älter, und das machte mir schleichend Schwierigkeiten. Beginnen wir bei mir selbst. Auch die blaue Pille wirkte nicht mehr so, wie sie sollte, denn selbst bei Dosierungssteigerung setzt die anhaltende Wirkung immer eine gewisse affektive Bedingung voraus. Das heisst, ohne ein bisschen – sorry – Geilheit geht es nicht, jedenfalls nicht in ausreichendem Masse.

Dann verursacht die Pille auch noch Nebenwirkungen: Du bekommst einen Kopf wie eine rote Tomate, du fühlst dich nicht mehr so wohl, weil dein Blutdruck sinkt. Du weisst ja, dieses Sildenafil war eigentlich ursprünglich als Blutdrucksenker gedacht, und die Nebenwirkung führte zum grossen Markterfolg. Auch wurde der Nachschub schwieriger. Ich hatte bald alle Apotheken des Tessins abgegrast, und meine gefälschten Arztrezepte konnten mit der Zeit auffallen. In einem Fall wurde es auch entdeckt.

Kurz, die zentrale Tätigkeit wurde für mich schwieriger, und zwar vor allem bei den älteren Semestern. Wie du weisst, fallen bei den Männern im Alter die Haare aus. Das gilt nicht für die Brüste der Frauen. Die werden länger und schlaffer.

Und überhaupt ist diese allgemeine Schlaffheit ein Zeichen des Alters bei unsportlichen älteren Damen. Nicht gerade einladend.
Dann das Internet: Frauen können natürlich, wenn sie diesen Bedarf haben, heute über das Internet Sexpartner bekommen. Du würdest staunen, wie geschickt auch Vermögende dies zu nutzen wissen. Ich selbst habe mich gegen einen Internetauftritt entschieden, aus zwei Gründen: Erstens hinterlässt das Spuren, und zweitens bin ich mit meiner Vita schlicht zu wenig firm im Web.
Dazu kommt noch etwas: Seit das Bankgeheimnis durch diese SP-Bundesrätin namens Schlumpf weggeblasen wurde, ist das Schwarzgeld der Deutschen auch im Tessin versiegt, und so hat es nicht mehr so viele deutsche Reiche in der Sonnenstube der Schweiz. Schwierig zu sagen, aber ich habe den Eindruck, die Zielgruppe wurde nicht nur älter, sondern auch weniger und schwieriger aufspürbar.
Und schliesslich bin natürlich auch ich ohne das elegante Outfit physisch nicht mehr so attraktiv wie früher, als die körperlichen Anforderungen der Legion noch deutlich sichtbar waren. Klar, ich habe da auch einige Narben, und die erregen. Ich weiss nicht, warum diese Frauen gerne darüberstreichen. So, jetzt weisst du in etwa alles.»
«Tatsächlich ein interessanter Ansatz. Und hat es sich auch gelohnt?»
«Ja, aber so wohlhabend wurde ich trotzdem nicht, dass ich mich hätte zur Ruhe setzen oder legen können. Mit der Rückzahlmethodik konnte ich nie so viel ansparen, um eine Rente bis an mein Lebensende zu sichern. Du kannst dir vorstellen, dass der notwendige Lebensstil für diesen Beruf auch einiges kostet.»

«Gut, gut, aufschlussreich und fantasievoll.»
Wobei ich nun dachte: Tatsächlich, das gab einen Romanstoff ab. Von dieser Methodik hatte ich bisher noch nie gehört. Er müsste mir da noch ein bisschen mehr Details erzählen, aber das hatte ja nun Zeit, die wir noch hatten. Was mich nun wirklich interessierte, war die Blaue hinter mir:
«Und diese Yvonne Klein, was war dann mit ihr?»
«Ja eben, das sollte mein letzter Coup sein. Der Zufall: Diese Yvonne Klein, eine Jüngere im Set, nämlich erst siebenundsechzig, war nun tatsächlich enorm reich. X-fache Millionärin, lebte verschwenderisch in einer grossen Villa in Ascona mit Park, Blumen und Palmen, wie im Film. Auch hier gelang mir der Zugang, nicht zuletzt wegen meiner interessanten Legionsvergangenheit. Ich weiss nicht, warum, sie fuhr richtig ab auf Fremdenlegionäre. Das war mein Vorteil. Andererseits hatte sie eher einen misstrauischen Charakter. Denn hier war wirklich ein hoher Betrag, vielleicht gar eine Million, im Spiel, wenn mir der Zugang zu ihrem doch recht intensiven Bedarf zwischen ihren Beinen gelang. Das hatte sich bei den ersten Malen gezeigt, aber ich musste sie noch von meiner Ehrlichkeit überzeugen. Sie wollte mein Schloss im Bernbiet auch deshalb sehen, damit sie nicht auf einen Heiratsschwindler hereinfiele. Ja, dann war bei ihr sogar eine Heirat drin. Also, kurz vor Ostern entschloss ich mich, ihr mein Schlösschen hier bei Kaffee und Kuchen zu zeigen. Den Rest kennst du.
Aber weisst du, This, es tut mir ein bisschen weh, die Millionen in der nächsten Nacht in der Aare zu versenken.»
Nun, da hatte ich sogar eine gewisse Sympathie für ihn, denn ich konnte mir aufgrund meiner Erfahrungen im Vertrieb meiner elektronischen Telecontrol-Geräte zur Quoten-

erhebung vorstellen, wie es ist, wenn man kurz vor einem grossen Geschäft erfährt: April, April, ausser Spesen nichts gewesen!
«Das tut mir leid für dich, Nikki, aber du musst verstehen, sie muss jetzt weg, und zwar in dieser Nacht. Und: Durch dich, und dann – sorry, Nikki – fährst du für mich wieder zurück in dein Grab. Ich meinerseits fliege zurück ins Engadin. Und von alldem weiss ich nichts. Vorbei und vergessen.»
Selbstverständlich erwähnte ich nicht, dass dies einen super Romanstoff nach meiner eben nicht immer leichten und weit ausgreifenden Autobiografie LEBENSREICH abgeben könnte. Man müsste das Ganze allerdings noch etwas fiktiv anreichern. Inzwischen war es zwei Uhr, und ich meinte:
«Vielleicht sollten wir etwas Deftigeres essen. Ich will mal nachsehen, was wir im Tiefkühler haben, das sich braten lässt.»
Nikki nickte. Aber in diesem Moment klingelte mein Handy, auf dem Display das Bild meiner Frau.
«Hallo, mein Schatzeli, ich habe das nicht so gerne, wenn du weg bist. Ich bin für heute mit Skifahren fertig, werde in einer Stunde losfahren. Ich komme zu dir zurück ins Schlössli. Das heisst, ich hoffe, dass ich um achtzehn Uhr, je nach Verkehr, bei dir eintreffe. Ich freue mich und hoffentlich du auch!»
Meine Antwort, leicht vereisend:
«Ich auch, selbstverständlich, mein Schatzeli!»

6. Planänderung

Das ging natürlich nicht. Das würde alles nur komplizieren. Insbesondere käme doch heraus, dass dieser vorgegebene Einbruch gar nicht stattgefunden hatte, wäre mein fantasievolles Märchen wahrscheinlich überprüfbar.
Daher:
«Liebes Schatzeli, nein, nein, bitte komm nicht, alles ist erledigt. Ich bin bereits im Begriff zurückzufahren. Ich möchte allerdings noch etwas essen. Das heisst, ich versuche mir drei Eier in die Pfanne zu schlagen, danach fahre ich los.
Hier unten ist Hochnebel angesagt, und bei uns im Engadin werden bei diesem Hoch wunderschöne, sonnige Tage vor uns liegen, in denen du weiter mit deinem Bär den Schnee durchkurven kannst.»
«Ja gut», antwortete das Schatzeli und fügte hinzu:
«Wie war das mit dem Einbruch, um was ging es da?»
Also war doch Märchenerzählen angesagt:
«Du wirst es nicht glauben, da hat jemand von früher, wahrscheinlich von einer ehemaligen Mitarbeiterin, einen Schlüssel zum Schlössli gehabt. Von wem? Völlig unklar. Aber sie wussten nicht, dass die Tür unter Alarm steht, und nach den üblichen dreissig Sekunden ging er auch los. Da die Polizei immer recht schnell anrückt, fanden sie die Tür offen und der Schlüssel steckte noch. Tut mir leid. Aber sie bestanden darauf, dass ich herunterkam, um zu prüfen, ob

etwas gestohlen wurde. Natürlich war das in der kurzen Zeit, bis die Einbrecher das Schlössli fluchtartig verliessen, gar nicht möglich. Also alles in Ordnung. Reg dich nicht auf, warte auf mich. Ich werde zum Abendessen wieder in Samedan sein. Dafür haben wir jetzt einen Schlüssel mehr in der Reserve. Alles hat sein Gutes.»
So gelang es mir, meine Arom mit positiven Gedanken zu beruhigen, und ich hatte etwa eineinhalb Stunden Zeit, bis ich dann tatsächlich losfahren würde.
In diesen eineinhalb Stunden galt es nun, die nächtliche «Verschwindibus»-Aktion vorzubereiten. Das bedurfte doch einiger Überlegungen. Daher meine dezidierte Ansage an Nikki:
«Hör mal zu, Nikki, Planänderung. Wir müssen deine blaue Freundin sofort diskret in deinen Kofferraum verladen, damit du dich dann in der Nacht von ihr gebührend ins Wassergrab verabschieden kannst. Das ist nicht so trivial, weil auch am Tag absolut niemand den Vorgang beobachten darf. Eindeutig schwieriger. Aber ich habe eine Idee.»
Nikki, der in der Zwischenzeit wohl das dritte oder gar vierte Glas Cognac in sich hineingeschüttet hatte, was man an seinen glänzenden Augen gut erkennen konnte, sonst aber nicht, weil er als alter Legionär das Schnellsaufen gewohnt war, nickte zustimmend. Alkohol gilt seit alters her im Militär als ein Nervenberuhiger vor Angriffen. Daher leerte ich vorsichtigerweise auch noch ein Glas. Dann gab ich ihm den Plan bekannt.
«Wir gehen durch den Ausgang Süd, dann nach unten in den Garten, auf die Ebene des Schwimmbades und des Blumengartens. Dort sieht uns niemand. Bis zum Tor neben dem kleinen Teich, gedacht für grössere Lieferungen für das Schwimmbad

und den Garten. Dort kannst du rückwärts anfahren. Das besichtigen wir jetzt und überlegen, wie wir deine ältere Gespielin mit Millionenportemonnaie in deinen Wagen verfrachten können.»

Nikki nickte nur. Er war offensichtlich leicht angetrunken und mit allem einverstanden.

So gingen wir also durch den Gang, dann durch die Tür und wie gesagt die Treppe hinunter in den Garten. Dort empfing uns ein herrlicher Ostermittag mit blühenden Bäumen und neugierigen Aprilglocken, die uns aufmerksam zuschauten. Auch leichtes Insektengesumm begleitete uns nun, denn die Sonne hatte den windgeschützten Teil des Gartens ziemlich aufgewärmt.

Tatsächlich war dieser Teil der Aktion völlig problemlos, weil alle Tore und Türen zum Garten verschlossen waren und heute niemand vom Personal anwesend war. Kritisch wurde es tatsächlich nur beim besagten Tor ganz hinten. Ich hatte den Schlüssel bei mir, öffnete, und wir peilten die Lage, sodass wir von aussen nicht sichtbar waren.

Da – man konnte tatsächlich mit einem Auto rückwärts heranfahren, und zwar ziemlich nahe ans Tor. Dann wäre ein Verlad von aussen kaum sichtbar, ausser ein Spaziergänger würde zufällig vorbeikommen und sich interessieren. Das war jedoch unwahrscheinlich, da das kleine Strässchen durch die Unterführung zur grossen Bernstrasse nach Münsingen führt und von Fussgängern nie begangen wird. Nur von uns selbst mit unseren Autos befahren.

Auffällig wäre einzig, dass ein Auto so nahe ans Tor fährt, denn das konnte man von weiter oben teilweise sehen. Mit anderen Worten, der Vorgang des Verladens musste blitzschnell geschehen, und ebenso schnell müsste mein fataler Cousin losfahren und von der Bildfläche des schönen Schlösslis verschwinden.

So, dies das Ergebnis unserer beinahe militärischen Rekognoszierung. Nun gingen wir wieder zurück.

«Lieber Nikki, es gibt zwei offene Fragen. Erstens: Wohin gehst du beziehungsweise bleibst du bis um drei Uhr morgens, ohne dass es auffällt? Und zweitens: Was mache ich mit dem Bajonett?»

«Da hast du recht. Ist mir schon klar, dass so langes Warten auf einem öffentlichen Parkplatz auffällt. Aber die Frage des Bajonetts musst du lösen, This. Sicher darf es nicht in Yvonne stecken bleiben.»

«Das ist ja klar. Es ist leider sogar so, dass die Bajonette mit den Säbeln auf vielen Fotos des Raumes hier zu sehen sind. Es müsste daher sehr gut gereinigt werden, bevor es wieder auf den Schrank zurückgelegt wird. Ich glaube, das müssen wir als Erstes tun. Und wenn ich dieses Bajonett reinige, dann müsste ich auch das andere noch putzen. Sonst könnte es auffallen. Das, mein Lieber, machen wir sofort.»

«Ja, und das Parkieren?»

Auch da hatte ich eine Antwort:

«Du fährst nach Schloss Wyl, parkierst dort oben und bezahlst die Parkgebühr ausreichend. Ich hoffe, du hast Twint. Dann besuchst du das Schloss und gehst anschliessend wandern. Das sind unsere Parkplätze, und es ist ab siebzehn Uhr niemand mehr im Schloss. Daher fällt es nicht allzu sehr auf. Etwas Besseres kommt mir nicht in den Sinn. Dann kannst du dich auf einem Bänkli in der Allee ein bisschen ausruhen, oder du fährst in der Weltgeschichte herum, worauf auch immer du Lust hast. Nun noch zum Ort der Aktion: Beim Schwimmbad Münsingen hat es eine befahrbare schmale Brücke über die Aare, da ist um diese Nachtstunden sicher niemand mehr unterwegs. Du brauchst etwa drei Minuten, um deine Freundin von der Mitte der Brücke aus schwimmen zu lassen. Dann fährst du weiter. Irgendwie findest du dann schon zurück. Wenn ich Zeit gehabt hätte, hätte ich das mit dir noch besichtigt. Die Zeit haben wir jedoch nicht.»

So, das war der Plan, und ich hoffte, er sei perfekt und dass nicht ein blöder Zufall, der meistens eine Rolle spielt, noch einen Zusammenhang mit dem Schlössli herstellen könnte. Natürlich musste ich dann Nikki noch einschärfen, falls er erwischt würde, ein Märchen zu erfinden und unter keinen Umständen mein Schlössli zu erwähnen. Auch nahm ich ihm den Schlüssel ab, der mit einem roten Bändchen verziert war. Später, das heisst, wenn aus dem Engadin zurück, wollte ich den Code ändern und alle orientieren. Dann fragte ich nach seiner Handynummer.

«Für meine Tätigkeit habe ich ein Prepaid, aber für meine normalen, das heisst offiziellen Kontakte ein Smartphone. Ich sende dir die Nummer.»

Tja, dann ging's an die Durchführung, und das war tatsächlich etwas weniger lustig.

Aber bei unangenehmen Dingen, die getan werden müssen, sei es im Geschäft oder bei der Beendigung einer Romanze, galt bei mir stets das Prinzip: Nicht zögern, sofort handeln und hinter sich bringen. Also erklärte ich dem lieben Nikki:

«Jetzt geht's los, und gestärkt sind wir ja durch die Patisserie. Als Erstes müssen wir das Bajonett entfernen.»

Da meinte der abgebrühte Fremdenlegionär etwas zimperlich:

«Mach du das, mir ist tatsächlich nicht so wohl dabei. Immerhin habe ich mit dieser Frau doch einige Male engen kör-

perlichen Kontakt gehabt. Ich bin nicht sentimental, aber ich ziehe es vor, wenn ich das nicht tun muss.»
«Ist ja gut, Nikki, kein Problem.»
Für mich war diese Frau mehr ein fremder, ziemlich störender Gegenstand in meinem Schlössli. Im Übrigen hatte ich ja ihr Gesicht noch nie gesehen. Ich hatte auch keine Lust, sie umzudrehen, um es mir auszusehen. Besser sie blieb für mich anonym, und gerade erheiternd dürfte es ja nicht ausgesehen haben.

Also ging ich kurz in mein Ankleidezimmer, holte zwei Pärchen Latexhandschuhe aus meinem Covid-Vorrat, gab Nikki ein Pärchen und zog das andere an. Dann kniete ich mich neben die blaue, zu früh verblichene Frau und zog mit einem Ruck mein Bajonett heraus. Erstaunlicherweise war der Tod schon so weit fortgeschritten, dass es keine Nachblutung mehr gab. Ich hatte ohnehin den Eindruck, dass das Blut auf ihrem Kleid bereits eintrocknet war und von oben keine Blutspritzer rundherum zu sehen waren. Allerdings galt es das später noch einmal zu überprüfen.

Was nun mit dem Bajonett? Ich sagte mir, am besten ist, es mal einfach einzuweichen. Ich holte das zweite, längere mit Säge vom Schaft herunter und trug beide in die Fitnesstoilette. Dort legte ich sie ins Brünneli und liess das heisse Wasser darüberlaufen. Dann öffnete ich die Tür sperrangelweit in den Garten.

Da ich den Eindruck hatte, dass Nikki zu den nächsten Schritten nur unnötige Kommentare abgeben würde, handelte ich alleine. Ich holte aus der Küche von einer Rolle etwa einen Meter Haushaltssaugpapier, dann aus meiner Ankleide die zusammengefaltete Decke mit den Hundeköpfen drauf. Beides trug ich in den Gelben Salon, legte das Papier gleichmäs-

sig über die Decke und den Rücken, damit kein Blut an der Decke haften blieb und sagte beinahe militärisch zu Nikki, und diesen Ton war er ja gewohnt, fühlte sich vielleicht sogar ein bisschen in seine Legionszeit zurückversetzt:
«Zuerst legen wir sie auf die Decke, dann decken wir sie zu – so, Nikki, jetzt ergreifst du die Schultern, ich die Beine. Ich gehe voraus, du hinten nach, und ich kommandiere nun: Eins, zwei, drei und auf!»
Und dann ging's im langsamen, beinahe berühmten Legionärsschritt durch den Salon, dann zur Treppe und sehr vorsichtig nach unten zum Ausgang. Diese Yvonne Klein war nicht so schwer, ich schätzte etwa fünfundfünfzig Kilo Lebendgewicht, jetzt Totgewicht, und für uns zwei doch recht starke Männer absolut kein Problem.
Obschon ich sicher war, dass niemand im Garten sein konnte, schaute ich zuerst nach links und rechts. Ausser dem zunehmenden Frühling war da nichts zu sehen. Dann gingen wir wie geplant hinaus und stiegen Schritt für Schritt die Treppe in den Garten hinab. Wir platzierten die schön zugedeckte Dame links an der Gartenmauer beim Tor, wobei uns ziemlich viele Aprilglocken zuschauten und sich fragten, was das wohl solle.
«So, Nikki, jetzt gehst du zurück zu deinem Auto und fährst hierher, und zwar möglichst eng rückwärts an das Tor heran. Keine Zögerei, es muss alles recht schnell gehen. Und Abmarsch!», sagte ich erneut im viel geübten Kommandostil. Nikki hatte begriffen, fügte sich und eilte wortlos ins Schlössli zurück. Ich wartete neben dieser Frau, die ich nicht kannte, die in meinem Schlössli ihr Leben verloren hatte und in die ewigen Hermes-, Rolex-, Patek Philippe- oder Cartier Gründe einging.

Ich muss sagen, in diesen fünf Minuten war mir schon ein bisschen seltsam zumute. Immerhin kam zum ersten Mal in meinem Schlössli, das ich vor zweiundvierzig Jahren gekauft hatte, ein Mensch zu Tode. Ich kannte ihn zwar nicht. Aber tot war tot, und das veränderte irgendwie die Atmosphäre. Auch wenn niemand je etwas davon erfahren würde, blieb dieser Tod in mir haften. Ich würde nie mehr in den Gelben Salon gehen, dort unbeschwert Kaffee trinken, mich am Cheminée wärmen und mit meiner Frau oder Gästen ein Glas Bordeaux Premier Grand Cru Classé trinken, ohne dass die Tote mir irgendwie präsent sein würde. Ich werde sie wahrscheinlich immer neben mir hinten am Boden des Sofas sehen. Das ahnte ich – vielleicht etwas überdreht, zugegeben. Ja ich hatte gar das Gefühl, mein Schlössli sei nun irgendwie entehrt, vielleicht sogar verunreinigt durch diesen im Prinzip unerklärlichen Mord.

Dieser Mord, der sich ja vor wenigen Stunden ereignet hatte – und eigentlich nur wegen einer Zufälligkeit geschah, weil Nikki die Tür nicht verschlossen hatte –, war ein Rätsel. Ein Rätsel, ungelöst, das mich sicher noch lange beschäftigen würde. Das wusste ich. Probleme dieser Art, ohne dass man eine logische Lösung kennt, sind ganz klar eine Beschwernis. Sie gehen einem nicht aus dem Kopf. Dies umso mehr, als es schlicht unmöglich ist, sich mit irgendjemandem darüber auszusprechen. Es gibt bei solch gravierenden Vorgängen keine Vertraulichkeit, mag sie einem noch so geschworen werden. Irgendeinmal schwatzt auch ein guter Freund am falschen Ort. Aber ich wusste, Peter als mein bester Freund war sicher nicht schwatzhaft. Doch abgesehen von ihm musste ich nun alleine mit dieser ausserordentlichen blauen und bösen Überraschung im Schlössli fertigwerden.

Das waren keine guten Aussichten. Ja eigentlich – aber das kam nun wirklich nicht in Frage – sollte ich selbst den Hintergründen nachgehen und herausfinden, wer der Täter sein könnte. Eventuell ihn sogar überführen und ihn in irgendeiner Weise einer harten Strafe zuführen. Weniger wegen des Mordes, sondern weil er diesen in meinem – und nun ein komischer Ausdruck – ‹unbefleckten› Schlössli beging. Der verfluchte Sauhund.

Ja, jetzt war ich einen Moment lang ernst, obwohl ich den Dingen des Lebens sonst in der Regel mit meiner leicht zynischen, lockeren Art begegne; denn das Leben ist schon ernst genug, als dass man es ständig ernst nehmen müsste.

Mit diesen Gedanken fuhr Nikki sachte heran, in seinem Volvo-SUV älteren Datums in Schwarz, das heisst der adäquaten Farbe für eine Bestattungsfahrt. Kaum hatte er angehalten, öffnete ich das Tor. Er stieg aus dem Auto, öffnete den voluminösen Kofferraum, und dann ging es tatsächlich ruckzuck. Nach etwa drei Minuten war die Leiche bequem platziert, und nach einer weiteren Minute fuhr Nikki schon weg.

Für meine Empfindungen, als ich das Tor schloss, dürfte man den üblichen Ausdruck verwenden: Da fiel mir ein (schwarzer) Stein vom Herzen.

Danach ging ich mir die Bajonette ansehen, die sicher gereinigt waren, und nun ging es ja nur um die erste Hälfte der Klinge. Trotzdem putzte ich sie beide mit dem blauen Desinfektionsmittel aus Covid-Zeiten und danach noch einmal mit Wasser, um den Duft wegzuschwemmen.

Anschliessend ging es zurück in den Gelben Salon, wo ich die Bajonette in ihre Scheiden steckte und auf dem Wellenschrank neben den Säbeln aus alter Zeit hübsch platzierte, wie eh und je.

Für ein spätes Mittagessen hatte ich natürlich keine Zeit mehr, sondern verbrachte noch ungefähr eine Viertelstunde mit dem Abwischen von möglichen Fingerabdrücken, überall dort, wo ich glaubte, dass Nikki oder die Frau solche Abdrücke hinterlassen haben könnten. Sicher nicht ausreichend, aber solange kein begründeter Verdacht bestand, dass die angeschwemmte Leiche irgendeinmal hier gewesen war, bestand ja auch kein Anlass zur Sorge.
Danach steckte ich den gestohlenen Schlüssel von Nikki ein und machte mich daran, mit meinem weissen Merz GLA loszufahren.
Es hat keinen Sinn, über die lange Fahrt über die Autobahn durchs Prättigau ins Engadin, das Warten vor dem Vereina-Tunnel und so weiter zu berichten. Sicher war: Was ich beim Tor neben der Leiche angedacht hatte, tummelte sich weiterhin in meinem Kopf wie ein unruhiger Geist herum. Man wird solche Erlebnisse eben nicht so ohne Weiteres los. Trotzdem wusste ich, heute nach Mitternacht würde die Sache beendet sein, und zumindest am Tag würde ich nicht mehr daran denken. Aber Nikki wollte ich dann noch kurz zum Vollzug anrufen.
Um halb sieben kam ich wieder in unserer Wohnung im Engadin an, und meine Frau Arom, die Liebe, wartete mit einem schönen Thai-Nachtessen auf mich, wie so oft ein Poulet-Ingwer-Fleisch mit Basmatireis.
Ja, das war's dann.
Bis ich auf mein Handy schaute.
Da war wiederum irgendeine anonyme Meldung, aber dieses Mal mit Bildern. Ich ging nach dem Nachtessen an meinen Schreibtisch und schaute mir in Ruhe die Fotos an. Ich sah den Gelben Salon, dann die blaue Frau mit dem Bajonett im

Rücken, von verschiedenen Seiten so fotografiert, dass sie unverkennbar bei mir im Schlössli lag. Darunter eine kurze Meldung:

«Wir möchten Sie um eine Million Franken bitten, damit wir diese Bilder definitiv löschen können. Diese Million soll dazu verwendet werden, alle Frauen, die Ihr Cousin Nikki betrog, zu entschädigen. Die Details erfahren Sie zu gegebener Zeit!»

7. Das grosse Erstaunen

Natürlich drehte sich in mir nun alles in ein ziemliches Durcheinander, denn das hatte ich nun wirklich nicht erwartet.
Offensichtlich hatte der Mörder noch ein bisschen weitergedacht, seine Tat fotografiert, um mich zu erpressen. In der Annahme, eine Million sei da schon drin. Allerdings begann ich nun, mich etwas Naheliegendes zu fragen.
Aber bevor ich dieses Naheliegende weiterspinnen konnte, hörte ich am Esstisch meine Frau am Telefon ziemlich intensiv auf Thailändisch mit jemandem parlieren, und zwar in einer ungewohnt aufgeregten Weise. Meine Frau Arom ist ein sehr gelassener Mensch, und es braucht viel, sie aus der Ruhe zu bringen. Nun aber schien mir aufgrund der Tonlage, der Sprachfrequenz und der kleinen Ausrufe, dass da etwas nicht Normales im Gange war. Ich schob meine Gedanken über die Konsequenzen dieser bösen Handybotschaft beiseite und begab mich wieder zu ihr an den Esstisch. Ich flüsterte:
«Um was geht es, mein Liebes?»
Die Antwort lautete nur:
«Gleich, gleich.»
Da ging es noch etwas weiter, um dann abrupt zu enden. Mit einem für sie aussergewöhnlich erregten Gesicht sagte meine Frau:
«Ich muss so schnell wie möglich nach Thailand. Meine Schwiegertochter wurde heute nach einem Verkehrsunfall in

der Stadt verletzt. Du weisst ja, die fahren wie die Verrückten. Sie musste ins Spital eingeliefert werden, und nun ist mein Sohn alleine mit der kleinen Nudee und vor allem dem neugeborenen Charly. Es tut mir leid, aber ich muss sofort versuchen, einen Flug zu kriegen. Könntest du Herrn Reber von Thai Reisen anrufen und versuchen, mir den morgigen Mittagsflug der Thai zu reservieren?»

Ich verstand sofort, um was es ging, und war vielleicht sogar etwas froh, von meinem Problem mit dieser Erpressung abgelenkt zu werden. Ich rief sofort Herrn Reber von Thai Reisen an, ein Berner, der eine Thai geheiratet hatte, die mit meiner Frau befreundet ist. Auch kein ganz armer Mensch.

Es gelang mir, ihn trotz Ostern sofort zu erreichen. Ich konnte am Telefon warten, und es gelang ihm tatsächlich, für den morgigen Mittagsflug ab Zürich noch ein Businessticket zu reservieren. IT hat schon viele Vorteile, die ich aber nicht selbst zu nutzen weiss. Es genügt mir, jemanden damit beauftragen zu können.

Das beruhigte meine Frau, aber es wurde auch klar, was morgen, am Ostermontag, geschehen würde.

Nun stellte es sich als ein Vorteil heraus, dass ich mit dem Auto von Ursellen zurückgekommen war. So könnten wir spätestens um 8.30 Uhr losfahren, damit sie rechtzeitig auf dem Flughafen Kloten einträfe. Man braucht ja doch beinahe zwei Stunden für all die Kontrollen und so weiter. So sollte das zeitlich gut reichen.

Danach begann meine Frau zu packen, und ich meinerseits konnte mich wieder dem Problem mit der Million widmen. Noch war Mitternacht nicht vorbei, und ich wollte bewusst Nikki nicht anrufen. Er sollte doch zuerst die arme Frau Klein entsorgen, bevor ich ihn mit weiteren Komplikationen behelligte.

Allerdings kreisen automatisch verschiedene Gedanken durch meinen Kopf.

Mit KI kann man natürlich solche Fotos schaffen, und ich könnte mich schlicht weigern, zu bezahlen. Ich könnte etwa behaupten, dass dies Fakes seien. Aber trotzdem, wenn sie ins Netz gestellt würden, käme früher oder später die Polizei zu mir, um nach den Hintergründen zu fragen, und dann müsste ich ihnen natürlich etwas vorlügen. Nicht gerade einfach, weil ich ja überprüfbar aus dem Engadin zurückgeflogen war.

Als Nächstes blitzte der Gedanke auf, und es tut mir leid um diesen:

Ja, es könnte sehr wohl Nikki selbst sein. Er bringt diese Frau Klein um und landet seinen grossen Coup nicht mit ihr, sondern mit mir, indem er mich mit diesen Bildern erpresst, also die Frau in meinem Gelben Salon dafür bewusst absticht. Je länger ich darüber nachdachte, war das eigentlich am einsichtigsten.

Dass ihm da jemand gefolgt war und er zufällig die Schlösslitür offen liess, dass der oder die Unbekannte die blaue Frau mit dem Bajonett umbrachte, war im Grunde unwahrscheinlicher, als dass er, Nikki, sie zum Tee hineingelockt und die Tat dann selbst begangen hatte. Dass auf meinem Schrank Säbel und Bajonette lagen, wusste er selbstverständlich von früher oder gar von neueren geheimen Besuchen. Dann wäre mein lieber Cousin also ein Mörder und Erpresser.

Je mehr ich mich in diese Gedanken verbohrte, umso deutlicher sah ich ihn als das. Zugleich wurde mir auch bewusst, dass ich in meinem Vertrauen an meinen Cousin von früher anknüpfte und dabei viel zu wenig seine Veränderung durch seine vielschichtige Vita in Betracht gezogen hatte. Er war ja das Töten von der Legion gewohnt. In diesem Zusammenhang wäre noch festzuhalten, dass der Stich mit dem Bajonett sehr professionell zwischen den Rippen im Rücken angebracht worden war.

Professionelles Töten mit einem Bajonett ist ohnehin eher Soldatensache und, wenn man es in der Ausbildung oft übt, eben auch nicht problematisch. Eine eifersüchtige Frau, die Nikki und der Klein gefolgt wäre, hätte vielleicht mit einem Damenrevolver geschossen. Auch wäre sie kaum in der Lage gewesen, wie früher in der guten alten Zeit, zu versuchen, das Blut der Gespielin meines Cousins mit Hexensaft zu vergiften.

Mit diesen Gedanken änderte sich natürlich alles. Aber veränderte sich auch die Frage, ob ich der Erpressung nachgeben musste?

Wenn Nikki der Täter und der Erpresser war, hatte er mich sicher auch im Geheimen beim Transport und dem Verlad der Leiche, ohne dass ich es bemerkte, fotografiert.

Es stellte sich ganz schlicht die Frage: War mir die Vermeidung aller Schwierigkeiten, die auf mich zukommen würden, inklusive seriöser Polizeiarbeit et cetera, nicht eine Million wert, was für mich kein übertriebener Betrag ist?

Das Problem war eher: Wie auf die Schnelle so eine «Kiste» lockermachen, und wie sie ihm übergeben? Das war und ist bei den heutigen Geldwäschegesetzen und was weiss ich nicht alles für weiteren «Gesetzen», die unter der braven Bundesrätin Schlumpf angenommen wurden, nicht ohne Kontrollen möglich. Ich musste mich da bei meinem Freund Daniel Zuberbühler klug machen. Im Übrigen war ja noch keine Meldung am Handy eingetroffen zum Wie, Was und Wann.

Nun packte ich meinerseits das wenige, das ich nach Bern mit zurücknehmen wollte. Danach gingen wir schlafen.

Ein unruhiger Schlaf, klar. All das geht einem nicht so leicht aus dem Kopf.

Anderntags fuhr ich eine eher schweigsame Arom zum Flughafen Zürich und danach, nach einem kurzen, liebevollen Abschied, nach Bern beziehungsweise ins Schlössli Ursellen. Auf der A1 rief ich meinen Freund und Stiftungsrat Daniel Zuberbühler aus dem Auto an. Er ist der ehemalige Bankenkommissionspräsident, was dem heutigen Finma-Präsidenten entspricht. Er war am Apparat, ein bisschen erstaunt, dass ich ihn am Ostermontag anrief, und ich meinte:

«Lieber Daniel, ich stelle dir kurz eine seltsame Frage, die du als Profi sicher beantworten kannst: Wenn ich erpresst würde und ich gar nicht anders könnte, als zu bezahlen, und zwar eine Million, wie macht man das bei den heute so zahlreichen Regulierungen und Gesetzen? Geht das überhaupt?»

Natürlich befragte er mich ein bisschen über die Hintergründe, die ich etwas schwammig beantwortete, und zwar im Sinne eines Romans, den ich zu schreiben beabsichtigte. Es war ja nicht das erste Mal, dass ich ihn aus literarischen Gründen befragte, so insbesondere für des Rätsels Lösung in den *Pilgerfreunden*, dem ersten Pilgerkrimi meiner Trilogie. Dann diskutierten wir. Ich musste erkennen, dass es auf normale Weise praktisch ausgeschlossen ist, weder in bar noch mit einer Überweisung, wobei bei einer Überweisung die Probleme weniger bei mir als beim Empfänger liegen. Es gibt eigentlich nur zwei Wege, die unterschiedlicher nicht sein könnten. Der eine: Ich kaufe Gold beziehungsweise ergänze meinen bisherigen Goldbesitz und trage dann die gemäss dem heutigen Goldpreis rund fünfzehn Kilo irgendwohin, deponiere sie dort, wo der Empfänger es will, und er muss dann überlegen, wie er das Gold in Geld umwechseln kann. Die andere praktizierte Methode sei, ein Bitcoin-Konto bei einer Krypto-Bank zu eröffnen und dann mit dem Blockchain-Verfahren, das mir völlig fremd ist, die Million zu transferieren. Es sei anzunehmen, dass ein heutiger Erpresser auf diesem Verfahren besteht, weil es ziemlich üblich sei und noch nicht derart reguliert war wie der übrige Bankenverkehr.

Das waren im Wesentlichen die Schlüsse, die ich aus dem Gespräch mit Daniel Zuberbühler ziehen konnte. Er überraschte mich immer wieder mit seiner lockeren Art, obwohl er eigentlich eine eher bürokratische Karriere hinter sich hat. Heute fährt er fanatisch Velo, sogar am Stilfserjoch-Rennen nimmt er jedes Jahr schweisstriefend teil.

Allerdings war es für Aktivitäten zu früh, denn noch waren keine Anweisungen via Handy erfolgt.

Nun, die nächtliche Aktion war ja beendet. Ich könnte Nikki anrufen, um ihm etwas auf den Zahn zu fühlen. Allerdings noch in unwissendem Ton und ohne den geringsten Hinweis, dass ich zwischenzeitlich beinahe überzeugt war, dass er der mörderische Urheber und gemeine Erpresser war.

Um etwa elf Uhr, als ich im Schlössli ankam, rief ich die Nummer an, die er mir hinterlassen hatte.

Dann aber kam die automatische Stimme: «Dieser Anschluss hat keinen automatischen Anrufbeantworter.» Auch nach mehrmaligen Versuchen hatte ich Nikki nicht erreicht.

Was nun?

Ich könnte natürlich noch probieren, ihn auf dem Festnetz im Tessin anzurufen. In Gordola müsste er ja als Nikki Heinmann registriert sein. Doch die Suche bei Google Search verlief erfolglos. Er schien keine Festnetznummer zu haben.

Dann eine Blitzidee: Ich überprüfte kurz, ob eine Yvonne Klein in Ascona verzeichnet war. Und tatsächlich – es gab dort

in der «Villa Bellavista» eine Yvonne Klein. Zumindest etwas, was er mir erzählt hatte, könnte also stimmen.
Ich weiss nicht genau, warum, aber ich wählte die Nummer an, einfach um zu sehen, was da geschähe. Nun folgte mein grosses Erstaunen, nämlich:
«Hier Yvonne Klein. Was wünschen Sie?»
Nun war ich baff, wusste nicht, was sagen, und stotterte:
«Bitte verzeihen Sie, ein Freund hat mir von Ihnen erzählt. Da hatte ich einfach mal Lust, Sie persönlich zu sprechen, ohne jede Absicht.»
«Das ist aber sehr seltsam», klang es in geschliffenem Hochdeutsch zurück.
«Wie heisst denn dieser ominöse Freund?»
Immer noch unter dem kleinen Schock, dass da offenbar nicht die Yvonne Klein im Schlössli abgestochen worden war, meinte ich:
«Ja Nikki Heinmann.»
Worauf sie antwortete:
«Den kenne ich persönlich nicht. Ich weiss nicht, warum ich Ihnen das sage, Herr Steinmann, aber ich habe den Namen ein-, zweimal bei meiner Haushälterin gehört.»
Ich dachte bei mir: «Aha, die könnte es also sein», und antwortete:
«Dann scheint mein lieber Freund Nikki etwas verwechselt zu haben. Wie heisst denn Ihre Haushälterin?»
«Das geht Sie zwar nichts an, aber warum nicht: Marianne Schuster. Falls Sie mit ihr sprechen wollen – sie ist nicht da, und ich weiss auch nicht, wo sie ist. Denn als ich gestern aus Bad Gastein anreiste, war das Haus leer und meine Haushälterin nicht zu erreichen. Sie hütet in der Regel das Haus in meiner Abwesenheit.»

Nun wusste ich genug und meinte:
«Ich möchte Ihnen recht herzlich danken, dass Sie einem Unbekannten so nett Auskunft gegeben haben. Und noch einmal, mein Name ist Professor Dr. Matthias Steinmann, Schloss Ursellen. Und dieser Nikki ist mein Cousin.»
«Schloss» klingt in diesem Zusammenhang beeindruckender als Schlössli, ein Wort, das es im Hochdeutschen ja gar nicht gibt.
Nun tönte es etwas respektvoller:
«Sehr erfreut, wenn Sie einmal im Tessin sind, kommen Sie mich doch besuchen.»
Damit war das Gespräch beendet. Gleichzeitig hörte ich draussen vom Hof her ziemlichen Lärm, Motorengeräusch, ja vorher sogar eine Sirene.
Indem ich über die nächsten Schritte nachdachte, wollte ich auf dem Hof nachsehen, was sich da tat. Gilt zu wissen, dass unsere Fenster schusssicher, daher auch schalldämpfend sind und man wegen der dicken Mauern nur wenige Geräusche von draussen hört. Und jetzt waren sie alle geschlossen.
Da aber erschien gleichzeitig eine neue anonyme Nachricht auf dem Handy:
«Wir können uns vorstellen, dass Sie unser Anliegen nicht so ernst nehmen und glauben, Sie könnten sich vielleicht mit dem Hinweis, dass dies Fotomontagen sind, herausreden, da ja die Frau wahrscheinlich nicht mehr auffindbar ist. Falsch, nehmen Sie unser Anliegen ernst. Falls nicht, fackeln wir Ihnen Ihr Schlössli ab. Als kleine Kostprobe haben wir mit Ihrer Scheune begonnen.»
Während ich das las, klingelte schon das Telefon. Es war unser Schlossmeister Marcel Schweingruber:

«Ihre Leitung war besetzt, Herr Steinmann. Es passiert gerade etwas Schlimmes. Die Scheune hinten links hat Feuer gefangen. Doch hat es Ihr Nachbar sofort entdeckt, und die Feuerwehr ist dran, den Brand zu löschen. Ich glaube, es ist bald vorbei und der Schaden ist gering.»

8. Ab ins Tessin

Sofort beeilte ich mich, nach draussen zu gehen. Tatsächlich standen da recht viele Feuerwehrleute und schwatzende Zuschauer. Gemeint sind mein Pächter, die Nachbarn, aber auch Herr Schweingruber, wobei die Feuerwehrleute gerade ihre Gerätschaften zusammenpackten. Es wirkte auf mich etwas komisch, vor allem dass ich von dem allem nichts mitbekommen hatte, wie bereits früher einmal, als eine brennende Zigarette auf dem Dach des Stöcklis ein Grossaufgebot an Feuerwehr zur Folge hatte.
Der Feuerwehrkommandant, ein etwas dicklicher Mann, immer noch mit Uniform und Helm, kam auf mich zu und meinte: «Das war keine grosse Sache, nur das Holzlager in der Scheune oben hat jemand in Brand gesteckt. Ich bin mir sicher, dass es sich um Brandstiftung handelt. Wollen Sie eine Anzeige machen?»
Natürlich war ich nicht vollständig überrascht. Vor allem weil ich ja den Hintergrund kannte und daher nicht recht wusste, was da die richtige Antwort war.
«Wenn es sich nur um ein Kleinfeuer gehandelt hat, das sich problemlos löschen liess, muss ich mir das noch überlegen. Aber sind Sie wirklich sicher, dass es Brandstiftung war?»
«Nein, man fand keinen Brandbeschleuniger oder so, aber dass bei diesem Holzlager plötzlich Feuer ausbrechen sollte, scheint völlig unlogisch.»

Nun trat auch Herr Schweingruber dazu und bestätigte das Gesagte. Es gilt zu wissen, dass dieses Holzlager das seine war, denn ich hatte ihm seinerzeit gestattet, oben in der Scheune sein Holz zu lagern, das er für seine Schreinerarbeiten benötigte. An ihn richtete ich nun die Frage:
«Ist der Schaden gross?»
«Es geht, natürlich sind einige Bretter jetzt teils unbrauchbar. Doch der finanzielle Schaden dürfte eher gering sein.»
Dann diskutierten wir noch die Frage, ob der Schaden der Versicherung angemeldet werden sollte, und einigten uns darauf, dass er das tun und ich alles Notwendige unterschreiben würde. Dem Feuerwehrkommandanten überliess ich es, ob er die Brandstiftung abklären wollte. Mir sei die ganze Sache völlig schleierhaft, und ich könnte gar nichts zur Erhellung beitragen.
Mit der Bemerkung «Vielleicht handelt es sich ja um einen dummen Lausbubenstreich?»
verabschiedete ich mich und ging ins Schlössli zurück, zündete mir entgegen meinen Gewohnheiten eine Zigarre an und schenkte mir noch einmal einen Cognac ein.
Das war dicke Post, und die Botschaft war klar angekommen: Der Erpresser, der sich immer noch in der Nähe befinden musste, meinte es ernst. Auch staunte ich über das Risiko, das Nikki eingegangen war, indem er hier noch einmal auftauchte.
In einer zweiten Überlegung sagte ich mir aber:
«Vielleicht hatte er eine Art Zeitzünder verwendet, den er gestern bereits platziert hatte.»
Je mehr ich diesen Gedankengang vertiefte, desto logischer erschien er mir. Die Konsequenz für mich war klar. Ich musste mich fügen und ihm die Million übergeben, damit hier und

vor allem in mir wieder Ruhe einkehrte. Den Rattenschwanz an Problemen, welche die Klärung des Mordes und die Erpressung nach sich ziehen würde, wollte ich definitiv vermeiden. Eine Million für meinen Cousin, damit er einen gesicherten Lebensabend hätte und mit seiner Vielweiberei aufhören konnte, wäre vielleicht gar keine so üble Tat. Da ich immer noch nicht die Möglichkeit hatte, auf die anonymen Meldungen zu reagieren, kam ich zum Schluss:
«This, es geht nicht anders. Am besten fahre ich ins Tessin, suche ihn auf und regle das, und zwar sofort. Dann bin ich zwischen sechzehn und siebzehn Uhr in Gordola, und wir können das definitiv gütlich bereinigen. Ich werde kein Drama draus machen. Ich bin zu alt, um mich mit dieser Geschichte zu belasten, und im Übrigen habe ich genug Kapital, um sie zu bereinigen.
Mit anderen Worten, morgen werde ich meine Treuhand anweisen, bei einer Krypto-Bank ein Bitcoin-Konto einzurichten, und dann sollen sie von meinen drei Banken je 330'000 Franken, auf meinen Befehl allerdings, überweisen. Dann steht die Million bereit.»
Anschliessend, und es war jetzt halb ein Uhr, packte ich für zwei Tage den kleinen Koffer und überlegte: bewaffnen oder nicht bewaffnen?
Ich besitze ein ansehnliches Waffenarsenal aus früheren Zeiten, zum Teil registriert, zum Teil nicht. Seit 1988 habe ich nie mehr eine Waffe benutzt, weil ich damals unerwartet einen Hörsturz erlitten hatte mit der Folge eines permanenten messerigen Tinnitus, gegen den nach vielen Konsultationen und Medikamenten kein Kraut gewachsen ist. Irgendeinmal habe ich mit diesem lästigen Begleiter, vor allem im linken Ohr, meinen Frieden geschlossen. Im Flugzeug zum Beispiel

verwende ich unterschiedlich einstellbare Kopfhörer. Die unangenehme Sache habe ich so weit im Griff, dass ich nach einem entsprechenden Gutachten eines Spezialisten nach wie vor die medizinische Prüfung zum Fliegen bestehe. Aber das Schiessen ist trotz Kopfhörer ein Risiko, denn es könnte den Tinnitus verstärken.
Trotzdem entschied ich mich zum Mitnehmen zweier Waffen, denn wenn es ernst würde, wäre ich darauf besser vorbereitet. Ich wählte dazu die kleine 38er Special, ein Revolver mit recht starken Patronen, aber mit Stummellauf, den ich in einen kleinen Holster am Gurt stecken konnte.
Ausserdem legte ich noch meine sechzehnschüssige Glock mit zwei Reservemagazinen in meinen Koffer. Man kann ja nie wissen…
So ausgerüstet fuhr ich um vierzehn Uhr los Richtung Tessin. Der Verkehr war bei diesem schönen Wetter recht flüssig, weil die Rückkehrer sich um diese Zeit noch nicht auf dem Heimweg befanden und den schönen Tag an ihren Destinationen genossen.
Die Wartezeit am Gotthard erwies sich als kurz, wohingegen auf der Gegenseite schon recht viel Verkehr herrschte. Als ich aus dem Tunnel ins verregnete Tessin kam, stand eine lange Kolonne vor dem Tunneleingang.
In Airolo schaute ich kurz nach rechts oben nach Nante, wo meine Mutter seinerzeit ein kleines Häuschen hatte, in dem ich recht oft in den Ferien weilte, und zwar auch zum Skifahren. Aber das war lange her.
Nur eine Geschichte war bei mir hängen geblieben und machte mich auch etwas traurig:
Mit meinen Offizieren der Stellungsraumbatterie 225 der Rekrutenschule auf dem Monte Ceneri hatte ich im November

1970 das «Dezemberkomitee» gegründet – ein Freundeskreis, der fünfzig Jahre lang bestand, bis er sich leider 2019 wegen Joe Ackermann auflöste. Eine fünfzigjährige Freundschaft wurde damit zum Leidwesen von mindestens drei Mitgliedern beendet.

Persönlich habe ich den Eindruck, dass Joe nach seinem Abgang bei der Deutschen Bank und seinem eher kurzen, zweifelhaften Zwischenspiel als Verwaltungsratspräsident bei der Zürich Versicherung den Machtverlust nicht ganz verwinden konnte. Das veränderte im persönlichen Bereich etwas sein Wesen, und er legte auf alte Freundschaften keinen grossen Wert mehr.

Tja, so ist das Leben. Es geht alles vorbei, und man muss sich, wenn man bald achtzig wird, ans Loslassen gewöhnen.

Gerade aus diesem Grunde war es meine feste Absicht, diese unangenehme Geschichte mit der Blauen im Schlössli aus der Welt zu schaffen. Voraussetzung: Nikki ist mit der Million zufrieden, und wir beendigen die Geschichte nicht gerade als Freunde, aber auf gütliche Weise.

Nun fuhr ich also die Leventina hinunter, wo ich so viel erlebt hatte. Die letzte grosse Erinnerung bestand natürlich aus der Wanderung mit Arom von Basel nach Lugano, als wir auch den jetzt noch geschlossenen Gotthard zu Fuss überquerten. Wir wanderten die Tremola hinunter, um anschliessend in Etappen rechts und links im Tal auf der Strada Alta über Biasca, Giubiasco und dann über den Gola di Lago, Losone nach Tesserete zu wandern. Recht anstrengend. Von dort aus ging's nach Lugano. Danach pilgerte ich ohne sie, aber mit wechselnden Begleitern, über die Via Francigena nach Rom. Auch viele Erinnerungen an meine Militärzeit kamen wieder hoch: Ich habe sowohl als Leutnant wie als angehender

Hauptmann je vier Monate auf dem Monte Ceneri bei den schweren Kanonen verbracht.

Alles Tempi passati, aber als ich so das Tal hinunterfuhr, kam vieles aus der Vergangenheit wieder hoch.

Gordola kannte ich gut. So fuhr ich ab Biasca nicht mehr über die Autobahn, sondern rechts die Kantonsstrasse hinunter. Kurz vor dem Anstieg zum Dörfli hielt ich an, um mich auf Google zu orientieren, wo Nikki wohnte, denn seine Adresse hatte er mir aufgeschrieben.

Als ich glaubte, das Haus entdeckt zu haben, fuhr ich hoch. Tatsächlich befand sich sein Haus oben auf der linken Seite der Via Scuola mit einem reichen, aber wenig gepflegten Garten. Der Briefkasten beim Gartentor war mit Nikki Heinmann angeschrieben.

Den GLA liess ich rechts auf der Parkaussparung stehen, leer, keine anderen Autos waren da parkiert.

Die angerostete Gartentür war offen. Ich ging über den Kiesweg, der auch etwas mehr des Jätens bedurft hätte, zur Tür des zweistöckigen, rötlich angefärbten kleinen Hauses und drückte auf die Klingel.

Mein Herz pochte nun etwas schneller, denn jetzt ging es zur unangenehmen Sache. Vorsichtshalber hatte ich im Übrigen meinen 38er in den Gurt und einen Schnelllader mit sechs Schuss in die rechte Tasche meiner Tweedjacke eingesteckt.

Nichts.

Ich drückte noch einmal auf die Klingel, länger. Nichts.

Dann wählte ich wieder einmal seine Nummer an, und wie bisher kam die Meldung, dass er keinen Anrufbeantworter habe.

Was nun?

Nun müsste ich wohl eine Unterkunft suchen, was nicht so einfach ist am Ostermontag, denn zu meiner Schande hatte

ich mir noch gar nicht überlegt, wo ich übernachten könnte. Es lag nicht in meiner Absicht, in einem auffälligen Erstklasshotel zu logieren, sondern eher in einem bescheidenen Hotel, weder in Ascona noch in Locarno, sondern vielleicht in Cadenazzo. Dort genoss ich einmal während des Abverdienens des Leutnants einen One-Night-Stand mit einer Barmaid des Restaurants «Mona Lisa» (auf halber Höhe zum Monte Ceneri). Ich setzte das damals nicht fort, weil ich am Telefon im Hintergrund ein Kleinkind schreien hörte. Da dachte ich mir, das würde nur zu Komplikationen führen, und wiederholte den nicht unschönen Vorgang nicht.
Im Übrigen pflegte ich im Tessin stets eine gewisse Ablenkung vom Militärdienst, und eine Dame namens Jasmin blieb mir in reger Erinnerung, weil sie in unseren intimen Momenten immer so laut und durchdringend «Basta, basta!» rief.
Auch hier: Tempi passati. Vorbei ist vorbei.
Aber die Erinnerungen kommen eben hoch, wenn man sich wieder an die ehemaligen Tatorte begibt.
Dann eine Blitzidee: Ich könnte diese Yvonne Klein treffen. Sie hatte ja heute am Telefon gesagt, ich könne sie besuchen. Warum mich also im Zimmer eines billigen Hotels langweilen? Das hatte noch Zeit.
Vielleicht erfuhr ich beim Besuch dieser Deutschen mit der klaren Stimme etwas mehr über den Hintergrund ihrer Haushälterin. Viel würde sich da nicht ergeben, aber sicher eine Abwechslung, und vor allem eine Abwechslung von den von allen Seiten auf mich eintröpfelnden Erinnerungen an frühere Zeiten. Mit Google konnte ich die «Villa Bellavista» in Ascona finden und mich mit Hilfe des Navis in ungefähr einer halben Stunde, also kurz vor achtzehn Uhr, dort einfinden.

Parkieren war hier einfacher, weil ich den Wagen frech vor ihre Garage stellte. Dann ging ich zum repräsentativen Tor, beinahe im Stil meines Schlösschens, drückte auf die Klingel und wartete ab, was geschehen würde.
Nach etwa einer halben Minute hörte ich aus dem Lautsprecher:
«Was wollen Sie?»
Und ich antwortete:
«Steinmann. Ich bin schon da. Aus anderen Gründen heute noch ins Tessin gefahren. Es wäre schön, wenn ich Sie doch noch kurz persönlich sprechen könnte. Ist das möglich?»
Sie antwortete:
«Ein bisschen überraschend, Herr Steinmann, oder muss ich Professor Steinmann sagen?»
«Da haben Sie recht, aber hin und wieder gibt es eben Überraschungen im Leben. Und den Professor lassen Sie besser sein.»
So eine längliche Konversation mit dem Lautsprecher war ich eigentlich nicht so gewohnt.
Doch dann hörte ich:
«Gut, Herr Steinmann, kommen Sie herein.»
Und das Tor öffnete sich automatisch.
Der Park war recht eindrücklich. Mit Palmen links und rechts, Magnolien, die bereits blühten, auch Forsythien. Alles strahlte schon einen ziemlichen Wohlstand aus.
Wenn Nikki die Richtige erwischt hätte, wäre tatsächlich ein grosser Coup drin gewesen, nur wusste er eben nicht, dass sich die Haushälterin als Chefin ausgab. Tja, man kann sich auch irren.
Als ich die kleine Freitreppe hinaufging, öffnete sich die breite, braune Eichentür, und in der Mitte stand in einem weissen, gerade fallenden langen Rock eine elegante Dame,

die blonden Haaren zu einem Chignon zusammengefasst. Sie sah erstaunlich gut aus. Wenn Nikki recht hatte, müsste sie etwa fünfundsechzig Jahre alt sein, sie schien mir aber wesentlich jünger. Nun war aber seine Altersangabe nicht richtig. Es war jene der Haushälterin, welche die ergrauten Haare schwarz gefärbt hatte.
Wie auch immer, sie lächelte mich an und bat mich herein.
«Kommen Sie, Herr Steinmann, wir können ja zusammen einen Tee trinken, zu dem ich heute noch nicht kam, umso weniger, als ich ihn mir heute selber machen muss, denn meine Frau Schuster ist noch immer nicht aufgetaucht.»
Worauf ich antwortete:
«Tja, Frau Klein, ich weiss auch, warum.»
Da blickte sie mich doch etwas überrascht an und sagte:
«Das interessiert mich, aber ich mache uns zuerst einen Tee.»
Sie führte mich in eine Art Bibliothek mit antiken Möbeln und zu einer in irgendeinem Louis-Stil gehaltenen Sitzgruppe, bot mir einen Platz auf dem Sofa an und sagte nur: «Warten Sie.»
Nun hatte ich Zeit, ein bisschen die Umgebung zu betrachten. Praktisch an allen Wänden Büchergestelle bis an die Decke mit einer reichlich ausgestalteten Bibliothek, woraus ich schloss, dass vielleicht eher ihr ehemaliger Mann die grosse Leseratte gewesen war. Auf Anhieb sah ich da die Memoiren von Churchill, viele Klassiker und überhaupt eher ernsthaftere, dokumentarische Literatur aller Art.
Doch ich hatte keine Zeit, aufzustehen und mir diese Bücher genauer anzusehen, denn nun trat die Dame – übrigens mit recht feinen Gesichtszügen, zartrosa geschminkt – mit einem Teeservice herein und begann den Tee zu servieren. Auch eine Schale mit reichlich Teegebäck war dabei.

Sie lachte mich an, ich lachte zurück. Ich hatte den Eindruck – das hat man ja hin und wieder –, da stimmt die Chemie zwischen uns. Wir sind uns auf der Stelle sympathisch. Dann meinte ich:

«Ich trinke ja gerne Tee, aber um diese Zeit?»

Worauf sie antwortete:

«Mir geht es genauso. Vielleicht wäre ein Glas Champagner zeitgerechter.»

Worauf ich entgegnete:

«Sie sprechen mir aus der Seele, liebe Frau Klein.»

Sie lachte recht charmant zurück und meinte:

«Aber Sie müssen die Flasche öffnen.»

Und schon verschwand sie wieder und kam mit zwei Champagnerkelchen und einer Flasche Dom Pérignon zurück.

Worauf ich sagte:

«Zufälle gibt's. Ich habe in meinem Keller nur Dom Pérignon, und man kann sich recht gut an ihn gewöhnen.»

Da lachte sie erneut und meinte:

«Das geht mir ganz gleich, Herr Steinmann. Also, versuchen Sie die Flasche zu öffnen, ohne dass der hochfliegende Korken mir ein Buch oder ein Bild zerstört.»

Wenn ich etwas kann, dann ist es Champagnerflaschen öffnen, das gehört zu den lebenslangen Routinen.

Und bald perlte das gelbgoldene Nass in beide Kelche. Wir stiessen ohne Worte an, und da ich ziemlich Durst hatte, trank ich das Glas – etwas unanständig zwar – gleich leer. Im Übrigen hatte sie sich ganz selbstverständlich neben mich auf das Sofa gesetzt, und ein leises Parfum umgab mich. Sie machte etwas grosse Augen, lachte erneut, und folgte mir.

Das heisst, bereits nach drei Minuten füllte ich die zwei Gläser erneut auf.

Dann wurde der Zug etwas ruhiger, aber liess nicht nach. Ich dachte bei mir, wenn das so weitergeht mit der lieben Frau Klein, sind wir in einer halben Stunde bei der zweiten Flasche.
Natürlich war ich ziemlich gespannt, wie sich das weiterentwickeln würde, alleine mit einer doch recht schönen, attraktiven Frau in einer grossen Villa bei einem eher spontanzufälligen Champagnervorabend.
Nun musste ich aber doch ein bisschen seriöser werden und meinte:
«Ja, die Geschichte mit Ihrer Haushälterin ist nicht gerade erheiternd, und ich weiss auch nicht so recht, ob ich Ihnen das erzählen will, denn es setzt absolute Verschwiegenheit voraus. Ich kenne Sie zwar nicht, Frau Klein, aber irgendwie – das ist im Leben so – habe ich ein spontanes, grosses Vertrauen in Sie. Darf ich Ihnen das wenige, was ich weiss, erzählen? Sie versichern mir, dass daraus nichts folgt, was wir nicht zuvor zusammen abgesprochen haben.»
Nun zögerte sie einen Moment, zog auf eine besondere Weise ihre Augenbrauen hoch und gab dann zurück:
«Lieber Herr Steinmann, Sie haben recht, Sie sind mir sozusagen auf der Stelle sympathisch. Sie können sich auf mich verlassen. Abgesehen davon bin ich hochinteressiert, warum und wieso Sie im Bernbiet in Ihrem Schloss mit meiner Haushälterin zu tun haben.»
Darauf entgegnete ich:
«Gut, ich verkürze das ein bisschen, aber es ist keine schöne Geschichte, und leider Gottes ist mein Cousin Nikki darin involviert.»
Was ich nun tat, war vielleicht unklug, risikoreich, aber ein bisschen typisch für mich, vor allem bei Frauen. Weil ich Ver-

trauen gefasst hatte und mich gleichzeitig ein bisschen Jagdinstinkt beseelte, diese Frau etwas näher kennenzulernen – wobei Nähe auf verschiedene Art definiert werden kann –, legte ich los.

Ich erzählte ihr in kurzen Worten, was sich da ereignet hatte, angefangen beim wiederauferstandenen Nikki bis zur blauen Frau, die mit hoher Wahrscheinlichkeit ihre Haushälterin war. Sie machte grosse Augen, gab zwischendurch Laute der Verwunderung von sich, und als ich schliesslich endete, legte sie ihre Hand auf die meine.

«Herr Steinmann, ich danke Ihnen von Herzen für Ihre Ehrlichkeit. Ich versichere Ihnen, niemand wird von mir ein Wort hören, es sei denn, wir sprechen uns ab.

Aber wenn Sie ein Bild der leider umgebrachten Frau haben, können Sie es mir zeigen, damit ich definitiv weiss, dass es meine Frau Schuster ist?»

Allerdings gilt es noch zu vermerken, dass ich bisher nichts von der Erpressung erzählt hatte. So zeigte ich ihr zwei, drei Bilder von dem Anonymus. Sie nickte und sagte:

«Keine Frage, das ist meine Frau Schuster, auch am Rücken und dem blauen Kleid erkenne ich sie. Das trifft mich, vor allem weil ich jetzt eine neue Haushälterin brauche. Hier muss ich ehrlicherweise etwas anfügen: Ich hätte sie sowieso entlassen. Sie war exaltiert, etwas angeberisch, und ich vermutete bereits, dass sie in meiner Abwesenheit hier Gäste empfing. Kurz: Ich könnte mir vorstellen, dass sie sich als meine Person ausgab und selbst als eine Art Heiratsschwindlerin bei Ihrem Cousin auftrat und daher auch ‹sein› Schloss ansehen wollte. Mit anderen Worten: Es haben sich zwei Heiratsschwindler getroffen, was zum Lachen reizen könnte, wenn sie nicht dabei gestorben wäre.

Nun eine Frage, lieber Herr Steinmann. Haben Sie eine Ahnung, warum sie bei Ihnen auf so schreckliche Weise das Leben verlor?»

Hier gilt es zu vermerken, dass wir in der Zwischenzeit während des Gesprächs tatsächlich die Flasche geleert hatten und die Stimmung sich durch den Alkohol weiter erwärmte.

Wohl daher zögerte ich nicht länger und erklärte des Langen und Breiten, dass ich mit dem Mord an ihrer Haushälterin um eine Million erpresst wurde, wobei ich abschliessend erklärte:

«Ich zahle Nikki diese Million, und zwar auf eine Weise, die nicht auffällt, was heutzutage gar nicht so einfach ist. Ich will, liebe Frau Klein...»

In dem Moment unterbrach sie mich:

«Sagen Sie doch Yvonne!»

Dagegen hatte ich nichts und antwortete:

«Ich bin This.»

Und sie:

«Wenn schon, dann auch ein Du.»

Auch dagegen hatte ich nichts, und schon meinte sie etwas überraschend:

«Dazu gehört natürlich, lieber This, auch der berühmte Du-Kuss.»

Sie umarmte mich, und der Kuss war kein brüderlicher oder schwesterlicher, und er dehnte sich in der Zeit auch etwas aus. Tja, hin und wieder geht es im Leben recht schnell.

Aber dann schloss ich meinen Satz doch noch ab:

«Ich zahle diese Million problemlos. Sie belastet mich nicht. Wichtig ist mir die Ruhe, und jetzt kommt noch dazu, dass das Unglück ein kleines Glück beinhaltet, nämlich dass ich dich, liebe Yvonne, kennengelernt habe.»

Vielleicht wegen der Wirkung des Champagners lachte sie mich erneut an und wiederholte die Du-Zeremonie, wobei ich auch diesmal nichts dagegen hatte. Allerdings dachte ich: «Wo das wohl endet?», was zu der Bemerkung führte:
«Yvonne, ich muss mir noch ein Hotelzimmer suchen, das heisst, bevor wir eine zweite Flasche öffnen.»
Antwort:
«This, sei doch nicht so kompliziert. Wir sind beide erwachsen, und das schon seit einiger Zeit. Ich habe hier viele Gästezimmer und überhaupt genügend Platz, auch bei mir. Mach dir da keine Sorgen. Vielmehr sollten wir uns überlegen, uns eine kleine Mahlzeit zuzubereiten.»
Was macht man da, wenn einem völlig überraschend eine schöne Unterkunft mit noch schönerem Inhalt offeriert wird, und das noch im Tessin, wo ich diesbezüglich schon viel erlebt hatte?
Ich dachte: «Ach Gott, so wie kleine Ferien im Irgendwo, die später dann gar nicht stattgefunden haben.»
Nach all den Sorgen, die mir mein Cousin, der auferstandene, in den letzten vierundzwanzig Stunden bereitet hatte, war das doch ein verdienter Ausgleich. Ich meinte:
«Liebe Yvonne, etwas Schöneres kann ich mir gar nicht denken, als unter deinem Dach heute Nacht zu verweilen.»
Weiss nicht, warum, aber wir standen beide auf und besiegelten den Entscheid mit einer dritten Du-Zeremonie, allerdings mit einer fühlbaren engen Umarmung.
Aber in dem Moment klingelte mein Handy. Leider hin und wieder in den unmöglichsten Situationen. Diesmal erschien wieder eine anonyme Nummer auf dem Display, wahrscheinlich von Nikki. Diesen Anruf musste ich wohl

entgegennehmen, trotz der schönen Aussichten, die sich im Fantasieraum meines Kopfs bereits ausgedehnt hatten.
«Bist du es, Nikki, was ist los?», meinte ich barsch.
Er antwortete:
«This, This, komm sofort zu mir nach Gordola. Ich weiss, du bist im Tessin. Es ist dringend und nicht ungefährlich. Bist du bewaffnet?»

9. Neue Unklarheiten

Da zögerte ich einen Moment, da Waffentragen in der Schweiz bekanntlich ohne Tragschein gesetzlich nicht mehr erlaubt ist und ich den bürokratischen verschlungenen Weg nie beschritten habe, um einen solchen Schein zu erhalten. Meine Antwort war daher nur kurz:
«Immer der Situation angepasst ausreichend, lieber Nikki, aber um was geht es denn?»
Statt mir zu antworten, kappte er wieder einmal das Gespräch.
Dieser Nikki schien mir ein sehr seltsamer Vogel geworden zu sein. Einerseits bestellte er mich immer wieder in dringende, ausserordentliche Situationen und andererseits erklärte er sie nicht. Auch hätte ich zum Beispiel brennend gern gewusst, ob der Weitwurf der blauen Frau Schuster über das Brückengeländer bei Wichtrach erfolgreich verlaufen war und ob er wirklich hinter der bösen Affäre steckte. Er wusste natürlich nicht, dass er nicht die reiche Yvonne, sondern eben nur ihre Haushälterin entsorgt hatte, die, so meine Vermutung, das gleiche Spiel mit ihm getrieben hatte wie er mit ihr. Gut, diese Realsatire würde sich ja bald aufklären.
Über diesen Gedanken hatte ich ein bisschen die lebendige Yvonne vergessen, die mich mit grossen – und zugegeben schönen blauen Augen – aufmerksam ansah und als Ganzes wie ein grosses Fragezeichen wirkte.

Klar, ich konnte da nicht einfach weg. Dazu hatte sich in der Hitze der ersten Flasche Champagner eine zu rasche Nähe entwickelt, und abgesehen davon hätte ich noch gerne zwei, drei Briketts in dieses Feuer gelegt.
«Ich verstehe deine Verwunderung, liebe Yvonne. Jetzt hat doch dieser Sauhund Nikki angerufen, ich solle sofort zu ihm in sein Haus nach Gordola kommen. Das mit dem Zusatz, es sei nicht ungefährlich und ich solle mich bewaffnen. Da denke ich nur, hoppla! Aber nachdem du nun diese üble Geschichte kennst, verstehst du, dass es mich reizt, hinzugehen, um ein bisschen das zu tun, was man im militärischen Jargon ‹bewaffnete Aufklärung› nennt.»
Nun allerdings veränderte sich ihr Mienenspiel und drückte visuell eine Art Enttäuschung, aber auch Unruhe aus, was nach allem, was sie ja bereits wusste, auch ziemlich verständlich war.
«Mein lieber This, das kannst du nun einfach nicht tun. Kaum angekommen, haben wir uns per Express kennengelernt. Nun willst du bereits wieder zurück an deine Front. So geht das nicht. Es mag ja alles erst kürzlich begonnen haben, schon aussergewöhnlich, aber mich dünkt, ein Spiel ist es nicht, und ich möchte – sofern es doch eines ist – das Spiel zumindest zu Ende spielen. Abzuhauen, jetzt, gehört sich einfach nicht, mein lieber This!»
Was antworten? Sie hatte ja mehr als recht. Ich ergriff ihre Hand und versuchte, treuherzig zu wirken, wie ein lieber Bernhardiner – mit Verlaub, das hatte ich bereits früher eingeübt – und antwortete:
«Meine liebe Yvonne, du hast mehr als recht. Das einzig Kluge heute wäre, dieses kaum begonnene Spiel ein bisschen ins Unbekannte weiterzutreiben, das mehr Leben und Leich-

tigkeit des Seins verspricht, als mich jetzt wieder in diese Scheissangelegenheit zu verstricken…»
Und schon unterbrach sie mich:
«Du weisst eben nicht alles, mein Lieber. Ich kenne dich von früher aus Baden-Baden, als du mit dieser Superfrau Mika von Cosmétique Sans Soucis verheiratet warst, die in der Gesellschaft mit dem damaligen Schönling Matthias viele überstrahlte. Ich arbeitete damals in der Firma meines späteren Mannes – Gott habe ihn selig – als Sekretärin. Er war selbstverständlich mit seiner damaligen Frau bei euch eingeladen, aber an den berühmten Faschingsfeiern bei euch in der Firma war ich verkleidet mit dabei. Gebe zu, obschon ich damals erst zwanzig war und du wahrscheinlich ungefähr Mitte dreissig, habe ich deine Frau ziemlich beneidet. Du warst genau der Typ, der in mein damaliges Nähkästchen gepasst hätte. Nun fällst du mir überraschend in meinen späteren Tagen ins Haus. Da musst du doch verstehen, dass da ein gewisser Nachholbedarf an vergangenen Träumen besteht.
Und nun noch etwas, und das weisst du sehr genau: Diese Gesellschaftsstruktur in Baden-Baden, die ich jahrzehntelang erlebt habe, ist mehr als einengend, ja zementierend. Du wirst ja sozusagen Tag und Nacht überwacht, dass du ja keinen falschen Schritt machst und dich in den Bahnen der Erwartungen des gesellschaftlichen Umfelds bewegst. Aus diesem Grund haben wir diese Villa im Tessin gekauft, um ein bisschen gemeinsame Freiheit zu geniessen.
Nein, nein, unterbrich mich jetzt nicht: Bewusst haben wir hier im Tessin keine Gesellschaften gepflegt. Das hatte aber zur Folge, dass ich, wenn ich mich aus den fesselnden Strukturen der reichen Witwe in Baden-Baden hierher zurückziehe, völlig alleine und isoliert bin. Und obendrein mit

dieser exaltierten Haushälterin Schuster, die mein Mann noch eingestellt hatte. Ich vermute aufgrund einiger Hinweise, dass dies mehr als nur eine Anstellung war. Tja, so ist das Leben… Und jetzt tauchst du, This, aus der fernen Vergangenheit auf und willst schon wieder verschwinden. Bitte nicht.»
Komischerweise war ich gar nicht so erstaunt. Es gibt solche Dinge im Leben – und ich muss hier erwähnen, es wäre nicht der erste Fall, dass da plötzlich etwas aus der fernen Vergangenheit zurückruft. Aber recht hatte sie schon. Ich würde tausendmal lieber hier bei Yvonne bleiben, vor allem nachdem ich das alles wusste und damit meine Aussichten auf ein abwechslungsreiches Spiel weit besser waren, als ich vorher geglaubt hatte.
«Liebe Yvonne oder darf ich sagen, meine liebste Yvonne, das ist überraschend und, ich gebe zu, auch anregend. Also: Ich muss dorthin, aber nicht lange. Ich komme sicher zu dir zurück. Ich glaube, es gibt da einige gemeinsame, zwar nicht so enge Erinnerungen, die wir verbal und nonverbal zum Leben erwecken und verstärken könnten. Aber ich kann nicht anders. Ich werde erpresst, wahrscheinlich von Nikki selbst, der auch der Mörder ist. Ich will und muss der Sache auf den Grund gehen.»
Mit diesen Worten verschloss ich ihr den Mund mit einem sich verlängernden Kuss.
Dann fragte ich sie nach ihrer Handynummer, gab ihr die meine und ging ohne weiteres liebevolles Tamtam hinaus.
Im Auto entnahm ich meinem Koffer die Glock und ein weiteres Magazin und legte den 38er Spezial in den Koffer zurück. Ich nahm an, wenn es tatsächlich zu einer Schiesserei kommen sollte, würde ich etwas mehr Munitionsreserve

brauchen. Die beiden Magazine zusammen sind doch immerhin zweiunddreissig Schuss.
Die Fahrt nach Gordola, jetzt schon gegen halb acht, erfolgte bereits im Dämmerlicht. Bevor ich bei Gordola auf das Strässchen nach oben abzweigte, dachte ich mit Wehmut an die Rekrutenschule 1970 als werdender Hauptmann zurück: Unten links auf der Ebene bei Gordola befand sich einer der Stellungsräume mit dem Zielgebiet auf den Berg Caval Drossa. Von hier unten – und das ist heute unvorstellbar – überschossen wir mit unseren schweren Kanonen vom Kaliber 10,5 cm die ganze Magadinoebene mit allen Dörfern und Strassen. Einmal gelang es uns sogar, dort oben ein grösseres Gebüschwäldchen anzuzünden, was eine grössere Löschaktion zur Folge hatte. Persönlich konnte ich mich aber davon drücken.
Oben beim Häuschen meines fatalen Nikki angelangt, fuhr ich etwas weiter, wendete und parkierte circa hundertfünfzig Meter weiter unten in der Via Scuola. Ich wollte nicht direkt vorfahren. Das wäre doch zu auffällig gewesen.
Dann ging ich in schlenderndem Schritt nicht allzu hastig hinauf zum Häuschen und war dabei wie die berühmte Feder gespannt auf das, was mich da erwartete.
Die Gartentür war halb offen und lud zum Hineingehen ein. Ich nahm die Glock hinten aus meinem Gurt heraus, lud durch, sicherte und steckte sie vorn in den Gurt, um sie möglichst schnell zur Hand zu haben. Dann klingelte ich an der Tür und erwartete, nun endlich diesen Nikki wiederzusehen, damit ich die vielen Fragen, die in meinem Kopf herumtanzten, loswerden konnte.
Wieder mal nichts.
Wieder klingeln, wieder nichts.

Nun allerdings sträubten sich mir ein bisschen die Nackenhaare. Denn ganz klar, da stimmte etwas nicht. War ich in eine Falle geraten?
Die Logik des richtigen Verhaltens hiess eindeutig: umdrehen und zurück zur vielversprechenden Badenserin Yvonne. Aber leider – und das traf nicht nur hier zu – handle ich nicht immer logisch. Vor allem dann, wenn die brennende Neugierde die Logik wegkickt wie einen zufällig auf der Strasse liegenden Fussball.
Ich drückte auf die Türfalle, und – nicht abgeschlossen.
Dreimal leer schlucken und dazu die Glock in die rechte Hand. Ich trat ein, schloss sofort hinter mir die Tür und blieb stehen.
Obschon es im Raum bereits recht dämmerig war, sah ich verständlicherweise davon ab, irgendein Licht einzuschalten. Wie sah es da aus: Man kam direkt in einen grossen Raum, der sich ziemlich tessinisch gab. Auf der linken Seite eine offene Küche mit Durchreiche und ebenfalls links von mir ein recht rustikaler Tisch mit sechs Stroh-Stabellen, wie sie im Tessin üblich sind. Vorne rechts in der Ecke ein grosser Tessiner Kamin, eingefasst mit Granitplatten, davor die üblichen Utensilien und natürlich auch eine grosse Pfanne, um Kastanien zu rösten. Erstaunlich, dass man da direkt in die Wohnstube eintrat, die das ganze Untergeschoss einnahm. Aber hinten auf der linken Seite ging eine Treppe zu einer Galerie hoch, wo man vier Türen erkennen konnte.
Als Erstes: Es war kein Nikki oder ein anderer Jemand zu sehen. Nun stellte sich die Frage, weiter hinein, das heisst auf die Galerie, oder zurück? Und wieder siegte die Neugier über Vorsicht und Logik.

Sozusagen auf Zehenspitzen durchschritt ich den Raum und versuchte möglichst leise diese Holztreppe hinauf auf die Galerie zu steigen, immer mit der Glock in der rechten Hand, schussbereit.

Hier gilt es vielleicht noch anzumerken, dass das Häuschen am Hang stand, und wenn unten die Fensterfront gegen den Garten zur Strasse gerichtet war, dürften die obigen Zimmer sehr viel höher liegen, also dem ansteigenden Garten entgegen.

Wie auch immer, ich öffnete leise die erste Tür links, und immer noch im Dämmerlicht erkannte ich ein Schlafzimmer mit den üblichen Einrichtungen, was mir nicht von Interesse schien. Ich schloss sie wieder leise. Die zweite Tür öffnete sich zum Bad und der Toilette. Alles war perfekt aufgeräumt. Auch von der dritten Tür war ich nicht besonders überrascht. Diesmal handelte es sich um ein grösseres Schlafzimmer, das heisst mit einem Doppelbett, einer Kommode und einem Schrank, und beide Schlafzimmer hatten einen Zugang zum Bad dazwischen.

Hier ebenfalls: sehr aufgeräumt, ohne herumliegende Kleider oder Schuhe. Man gewann den Eindruck, diese Zimmer würden kaum genutzt.

Wiederum sehr vorsichtig öffnete ich die vierte Tür. Hier fand sich ein ganz anderes Ambiente.

Ebenfalls im Dämmerlicht sah ich beim Fenster einen breiten Schreibtisch, auf der rechten Seite einen Büroschrank und auf der linken ein halbhohes Büchergestell voll mit Büchern, aber auch mit Zeitschriften und dem üblichem Allerlei. Der Raum wirkte ebenso aufgeräumt, aber spannend schien mir, dass über dem Büchergestell eine Vielzahl von gerahmten Fotos hing. Diese interessierten mich als Erstes.

Nun musste ich die Taschenlampe meines Handys einstellen, um mir diese Fotos anzusehen. Das hiess, leise zum Fenster zu gehen und die beiden geschmacklosen Vorhänge, mit Blumenmuster versehen, zuzuziehen.
Was ich nun sah, erwies sich wirklich als ein Blick in Nikkis Vergangenheit.
Mehrere Fotos seiner Zeit auf der «Gorch Fock», Bilder mit Crewmitgliedern in Marineuniform, und mehrere Male Nikki selbst, natürlich jünger, aber gut erkennbar.
Dann ging es weiter mit der Fremdenlegion. Auch hier Bilder aus verschiedenen Situationen, vermutlich in Aubagne und Korsika, aber auch in Afrika bei Einsätzen, schiessend von einem gepanzerten Fahrzeug aus, und dann ganz rechts, Bilder mit Legionskameraden.
Diese studierte ich etwas intensiver, obwohl sie leider wesentlich undeutlicher zu sehen waren als die Matrosen. Mindestens dreimal entdeckte ich eine Ablichtung von ihm, und etwas schwieriger erkennbar die zwei Kameraden, weil ihre Gesichter im Schatten waren. Einmal einander mit Gläsern zuprostend, einmal die Sturmgewehre in die Luft haltend und einmal einfach nebeneinanderstehend ohne spezifische Aktion. Diese zwei Kameraden mussten für Nikki eine besondere Bedeutung in der Legion gehabt haben. Ich hängte das letzte Bild ab, weil ich glaubte, dass es vielleicht später von Nutzen sein könnte.
Ja, das war's wohl. Nun konnte ich zurück zu Yvonne, nachdem sich dieser Nikki-Anruf wieder als ein Fake herausgestellt hatte. Doch bevor ich mich zum Gehen entschied, wollte ich doch noch schnell einen Blick in den Schrank werfen, obschon ich da nicht allzu viel Besonderes erwartete. Er liess sich öffnen, und … das Gegenteil war der Fall.

Auf der Innenseite der Schrankflügel hingen mehrere Fotos von Frauen in verschiedenen Situationen. Porträts, aber auch irgendwo aufgenommen, zum Beispiel am Strand, in einer Stadt und so weiter. Es hätte schon einer längeren Analyse bedurft, um festzustellen, wie viele unterschiedliche Damen hier abgelichtet waren. Eine Schlussfolgerung drängte sich sofort auf: Hier handelte es sich um die – wie wir es nannten – Bedürftigen, die er mit seinem Schneeballsystem befriedigt hatte, beziehungsweise die von ihm ausgenommen worden waren.
Ich nahm mein Handy und fotografierte beide Schrankflügel. Diesen Schönheitswettbewerb wollte ich später näher betrachten, sofern in dem Dämmerlicht die Aufnahmen gelungen waren.
Zur Überprüfung hatte ich keine Zeit, denn mir wurde beinahe körperlich bewusst, dass ein längeres Verweilen in diesem Haus mit einem unbekannten, aber zunehmenden Risiko verbunden war.
In dem Schrank fand ich jedoch nun eine Anzahl Ordner, sehr schön ausgerichtet und auch sauber beschriftet. Nach einem schnellen Blick über die Aufschriften fand ich zwei Ordner mit Unterlagen zur «Gorch Fock», mindestens drei über die Legio Patria Nostra, und etwa vier weitere waren nur mit Daten beschriftet. Ich sah die Beschriftungen kurz durch, bis ich den Ordner fand, auf dem nur «2021» – kein weiteres Datum – stand. Er musste also wohl die letzte Zeit beinhalten. Diesen griff ich heraus, ging zum Schreibtisch und öffnete ihn.
Nun überflutete mich doch ein grosses Erstaunen: Nikki muss beinahe ein buchhalterischer Typ sein, denn für jede Frau gab es in dem Ordner ein Fach, und das erste betraf Yvonne Klein.

Ein kurzes Durchblättern zeigte mir, dass da einige abfotografierte SMS, weitere Fotos, aber auch zwei Briefe und kleine Memos eingeheftet waren, in denen er nach Datum geordnet gewisse Ereignisse notiert hatte. Alles eben in buchhalterisch exakter Form. Er schien zu all diesen Frauen, die er ausnahm, eine – so sagte man dem früher – Fiche zu führen, die alles, aber auch wirklich alles zu enthalten schien. Das war nun doch interessant. Doch mir wurde sofort klar, dass ich jetzt keine Zeit hatte, in diesen Datenberg einzudringen. Aber hier lag der Schlüssel zu Nikki und vielleicht auch der Grund, warum er oder doch ein anderer die Haushälterin umgebracht hatte. Und vielleicht auch die Lösung des Rätsels, ob er oder eben ein anderer mich erpresste, und natürlich auch, wer es sein könnte, wenn es nicht er selbst war. Nun schien mir die auf der Hand liegende Schlussfolgerung, dass das alles von ihm ausging, doch nicht ganz so einleuchtend, wie ich zunächst geglaubt hatte. Im Leben ist bekanntlich oft vieles komplizierter, als man meint, und trotzdem: Wenn man es dann weiss, bleibt es einfacher Art. Aber eben, das weiss man erst danach. Mein Spruch dazu – aber das gilt wohl weniger für das kriminelle Tun und Lassen, sondern mehr für das Geschäftliche – ist jeweils: Alles Grosse ist einfacher Art.
Zumindest das erste Memo, das oben angeheftet war, wollte ich noch schnell lesen, und zwar bevor ich diesen Ordner mitnehmen würde. Obwohl unvernünftig, begann ich nun zu lesen, statt mich flugs ins Auto zu setzen, um so bald als möglich in die weit geöffneten Arme von Yvonne zu sinken. Tja, ich gebe zu, ich bin ein sehr guter und treuer Ehemann und werde es auch bleiben. Aber zwischendurch so eine kleine bunte Arabeske, die einem auf dem Serviertablett des erstaunlichen Lebens serviert wird – und das in meinem ho-

hen Alter –, lässt sich nicht so leicht ausschlagen. Ich weiss ziemlich alles, was man mir dazu sagen kann, denn ich denke ja meist das Gleiche. Aber dafür bin ich dreimal von Rorschach nach Santiago und einmal nach Rom gepilgert und habe mich dabei reichlich entsündigt.
Die Taschenlampe am Handy wieder angestellt, und das erste kleine Memo angeleuchtet. Was lese ich da:

Bei Yvonne bin ich mir nicht mehr so sicher. Ja, sie lebt in einer sehr grossen und reichen Villa. Sie wirkt in dieser wirklich wie zu Hause. Trotzdem, irgendetwas stimmt nicht ganz. Wenn ich jeweils ihre Vergangenheit oder ihre Vermögenssituation anspreche, die mich ja sehr interessiert, sind die Antworten nicht so präzise oder ein bisschen aufgesetzt.
Andererseits ist ganz klar, wenn ich ihr beweisen kann, dass ich nicht nur schön spreche, sondern auch ein reicher Rentner bin, wird sie mit grosser Wahrscheinlichkeit ihre Schatulle öffnen. Ja sogar eine Heirat – hat sie auch angetönt – wird möglich. Wäre dann mein finaler Coup. Nun aber will sie dafür mein Schlösschen sehen, was da heisst, ich muss meinen Legio-Kameraden Vinzenz sprechen, der sicher wieder herausfinden kann, wann die Luft im Schlössli rein ist. Nun, wir werden es sehen.

Damit wurde mir klar bewiesen, dass sich da wirklich zwei Heiratsschwindler getroffen hatten und voneinander einen Lebenscoup erwarteten. Ebenfalls wurde mir klar, dass mein lieber Pilotenfreund Vinzenz, eben auch ein ehemaliger Legionär, mit Nikki ein wenig verbunden war. Aufgrund seiner jahrelangen Kontakte zu meiner Person und zu unserem Team war es ein Leichtes für ihn herauszufinden, wann ich dem ganzen Personal freigebe, wie zum Beispiel jetzt an Ostern.

Das wäre also geklärt.

Völlig unklar blieb aber nach wie vor: Warum erstach er sie, und warum erpresste er mich? Oder umgekehrt: Hatte beides eben nichts mit ihm zu tun, sondern war auch er von dem Mord und der Erpressung überrascht worden? Wobei ich mich fragte, ob ich ihm überhaupt etwas von der Erpressung erzählt hatte. Ich glaubte es nicht, war mir aber nicht sicher.

Indem ich diesen Ordner vor mir auf dem Tisch hatte, darin blätterte und las, wohl minutenlang, und über den Inhalt nachdachte, roch ich plötzlich Rauch und sah, wie der Rauch durch die Ritzen bei der Tür hereindrückte – und zwar immer schneller.

Ich rannte zur Tür, öffnete sie, und – o Schreck! – der Raum unten stand in hellen Flammen, und der dicke schwarze Rauch drängte sich sofort mir entgegen.

Hoppla! Ich packte den Ordner und das Legionärsbild, öffnete das Fenster, warf sie hinaus und liess mich die drei Meter in den Garten hinunterfallen.

10. Fichen

Unsanft wäre das falsche Wort. Ich fiel zwar knallig auf meine Füsse, doch überschlug es mich anschliessend auf die rechte Seite. Ich blieb erst für einen Moment liegen und fühlte mich innerlich ab, ob ich vielleicht etwas gebrochen hätte. Dazu bewegte ich ein bisschen meine verschiedenen Glieder (gemeint sind nur die sichtbaren).
Nein, nichts gebrochen. Drei Meter reichen hierzu Gott sei Dank nicht aus. Aber dass ich über meinen ganzen alten Körper hinweg eine Reihe von Bobos mehr oder weniger spürte, und dieses Mal mehr, war ja auch klar.
Nun lag ich da und wusste im Moment nur, dass es nicht galt, über den plötzlichen Brandausbruch nachzudenken, sondern nur darüber, wie ich von hier fortkam.
Lange würde ich hierfür nicht Zeit haben, denn mir war klar, dass ich sofort und diskret hier wegmusste, wenn ich mich nicht den Rettungskräften erklären wollte, die wahrscheinlich auf der anderen Seite schon heftig am Löschen waren.
Im Übrigen lag ich in einem Blumenbeet, nahe an der Hauswand. Über irgendwelche Blumen hinweg, deren Gattung ich nicht erkennen konnte, linste ich über den Garten, soweit ich ihn in der zunehmenden Dämmerung erkennen konnte.
Ein nicht allzu hoher Zaun aus Holzbrettern trennte den Garten von den anderen Grundstücken ab. Rechts in der Ecke

befand sich eine Art Schuppen, wo Nikki wohl die Gerätschaften gelagert hatte.

Die Kommandorufe und das Geschrei hinter mir auf der Vorderseite wurden intensiver. Dann hörte ich auch die Sirene eines Polizeiautos, das sich rasch näherte.

Das verhiess nichts Gutes.

Also schnell raus aus dem Blumenbeet und rüber zu diesem Gartenschuppen. Dort konnte ich mich vielleicht vorläufig verstecken und die nächsten Schritte überlegen. In Griffnähe lag auch noch Nikkis Ordner, aufgeschlagen, aber nicht auseinandergefallen, das heisst, er war nach wie vor studierbar. Ihn in Ruhe zu lesen hatte ich ja auch im Sinn, sofern es mir gelang, hier unversehrt wegzukommen.

Ich richtete mich auf, schaute links und rechts. Niemand zu sehen. Ich ergriff den Ordner und schlich sozusagen in Kauerstellung, was ich mir so unter Indianerschritten vorstellte, zum Schuppen. Diese Gangart, wäre sie authentisch, würde man heute als kulturelle Aneignung bezeichnen. Die Tür hing lose in ihren Angeln und liess sich, leicht knarrend, öffnen.

Drinnen war es bereits fast dunkel. Allerdings hatte es neben der Tür ein ziemlich verdrecktes Fenster in Richtung Haus, durch das etwas Licht drang. Stehen kam daher nicht in Frage, und so setzte ich mich hin und ertastete links und rechts irgendwelche Utensilien. Wenn ich mich zurücklehnte, berührte ich gar einen Rasenmäher. Ich musste daher mit angezogenen Knien sitzen bleiben, die Arme um die Knie geschlungen.

Nun wurde mir bewusst, dass ich mich einmal mehr spontan dafür entschieden hatte, nicht mit den Hütern der öffentlichen Ordnung zu kooperieren. Damit gab es für mich auch keine Alternative mehr, denn zu vieles hatte ich bereits verschwiegen, und Erklärungen würden einen noch längeren Rattenschwanz von Konsequenzen nach sich ziehen.

Natürlich musste ich mir überlegen, wie ich hier wieder wegkommen konnte. Aber im Augenblick schien mir das Verbleiben in dem Versteck als die sicherste Option.

Damit hätte ich auch etwas Zeit, um nachzudenken.

Die Geschichte wurde ja immer rätselhafter. Nikki bestellte mich hierher, aber niemand war da, und etwa fünfzehn Minuten nach meinem Eintreffen begann das Haus zu brennen. Etwas hatte ich jedoch zu wenig bedacht: Nikki war am Telefon eindeutig unter Druck. Könnte es sein, dass er mich auf – bedrohte – Anweisung angerufen hatte?

Die Frage nach der Bewaffnung wäre dann umgekehrt zu interpretieren: Die Hintermänner oder gar die Hinterfrauen wollten nur wissen, ob ich eine Waffe trage, um vor einer Schiesserei sicher zu sein.

Ja, man könnte das weiterspinnen. Weil sie interpretiert hatten, dass ich bewaffnet sei, gingen sie einer direkten Konfrontation aus dem Weg. Und damit hätte ich den Brandanschlag – und zwar gegen mich – selbst provoziert. Vielleicht etwas weit hergeholt, aber als Variante möglich. Nein, unwahrscheinlich.

Wenn sie mit den Erpressern identisch waren, hatten sie doch gar kein Interesse, mich aus dem Weg zu räumen. Vielmehr müssten sie mir zuerst eine Weisung geben, wohin und wie ich die Million überweisen sollte. Ja, wenn ich dann das Geld abgeschickt hätte, wäre ein Anschlag auf mich eine mögliche Variante.

«Völlig unklar bleibt für mich die Rolle von Nikki. Der Mord an der vermeintlichen Yvonne Klein scheint nach wie vor ihm zuzuschreiben. Vielleicht weil er erkannt hatte, dass er

einer Heiratsschwindlerin aufgesessen ist», dachte ich und dann logischerweise: «Ja, dann kann es gar sein, dass die Erpressung nicht durch ihn, sondern durch einen Mitwisser oder eine Mitwisserin erfolgte.»
Nun wurde mir bewusst, dass dieses Bohren nach den Ursachen völlig sinnlos war.
Ich musste in die Erpressung einwilligen, weil sich die Verbrecher völlig skrupellos zeigten und mir noch einmal demonstriert hatten, dass es für sie kein Problem wäre, das Schlössli abzubrennen. Das kleine Feuerchen in der Scheune, so nahmen sie wohl an, hatte mich zu wenig beeindruckt.
Wenn dem so war, dann hatten sie ihr Ziel vollständig erreicht. Aber ebenso klar würde er kaum sein Haus und Heim opfern. Zusammengefasst:
Nikki war der Mörder – und jemand anders erpresste mich.
Mit anderen Worten: Jemand hatte ihn bei dem Mord beobachtet und dann gezwungen, mich anzurufen. Daraus folgte dann alles andere.
Natürlich gab es da noch einiges, was nicht ganz klar war. Aber fürs Erste erschien mir diese Schlussfolgerung am naheliegendsten.
Die aktuelle Frage war anderer Art und lautete:
Wie komme ich hier so schnell als möglich weg?
Ich weiss nicht, wie lange ich so eingeengt in diesem Geräteschuppen sass. Jedenfalls war es darin inzwischen ganz dunkel geworden. Nun würde es wohl möglich, mich unbemerkt zu entfernen, allerdings nicht ohne einige Hindernisse zu meistern. Meine Absicht war es, den Zaun sofort zu übersteigen, durch das Nachbargrundstück zu schleichen, mich an das oder eines der nächsten am anderen Ende zu begeben und dann von dort aus wieder auf die Strasse zurückzukehren.

Leicht würde das nicht. Allerdings herrschte bei diesem schönen Wetter ein fahles Licht, denn der Himmel war sternenklar und die verschiedenen hellen Fenster der Häuser ermöglichten genügend Sicht, um sich irgendwie gefahr- und lautlos durch diese Gärten zu schlängeln.
In gebückter Haltung trat ich ganz aus dem Schuppen. Mich dünkte, unten sei es etwas ruhiger geworden. Möglich, dass sie den Brand nun in den Griff bekommen hatten.
Aber ein Blick zurück zeigte mir, dass nach wie vor viele Blaulichtfahrzeuge auf der Strasse standen und emsiges Getriebe herrschte. Etwas schleierhaft war mir, warum bisher niemand auf die Rückseite des Hauses gekommen war; allerdings war sie vom Brand auch nicht betroffen.
Da der Schuppen am Zaun stand, konnte ich ihn sofort übersteigen, was sich aber als eine nicht so einfache Übung erwies. Das lag weniger am Zaun als an meiner Beweglichkeit und Fitness.
Auf der anderen Seite entschied ich, mich am oberen Ende des Gartenzauns hinter diesem flachen Haus fortzubewegen, in der Annahme, dass die Bewohner dem Drama vor ihrer Tür zuschauten. Das galt wahrscheinlich auch für das nächste Häuschen, diesmal zweistöckig und Gott sei Dank wiederum mit einem relativ niedrigen Zaun.
Nun kam es zum entscheidenden Risiko. Wenn ich dem Zaun links neben dem Häuschen entlang nach unten schlich und die etwa einen Meter hohe Steinmauer überstieg, bestand tatsächlich die Gefahr der Entdeckung. Voraussetzung für das Gelingen war, dass in jenem Moment die Leute nach rechts zum Branddrama schauten, und dies vielleicht sogar im Garten selbst vor der Tür oder auf der rechten Seite des Gartens. Ich peilte noch einmal die Lage, ging dann schnellen Schrittes

hinunter und überstieg, bereits mit etwas Übung, das Mäuerchen zum Trottoir.
Dann aber spazierte ich äusserlich ruhig, aber innerlich mit klopfendem Herzen das Strässchen hinunter. Man hätte glauben können, ich sei einer der neugierigen Zuschauer gewesen, der nun nach Hause zurückstrebte.
Bei meinem GLA angekommen, fuhr ich sofort los, hinunter auf die Kantonsstrasse, die via San Gottardo in Richtung Locarno führte. Aber ich wollte nicht weit fahren, sondern so schnell als möglich in einem Restaurant oder Grotto etwas essen, denn ich hatte ja seit längerer Zeit nichts mehr im Magen. Daher hielt ich beim «Ristorante Gordolese» an und erhielt trotz der späten Stunde – es war nämlich bereits viertel vor neun – einen Tisch für mich alleine.
Ich bestellte das Menü des Tages: Capretto ticinese, bei meiner Mutter eine Spezialität, zwar gedacht mit jungen Zicklein, aber meist mit Kaninchen. Gut im Topf gebratene Stücke, und zwar im eigenen Fett ohne grosse Sauce, aber mit viel Rosmarin, Pfeffer, Knoblauch und anderen Gewürzen sowie natürlich zerschnittenen Tomaten und Butter. Auf dieses typische Tessiner Osterfestessen freute ich mich, und mit der üblichen Polenta wurde ich sicher satt.
Den Ordner hatte ich im Übrigen mitgenommen und wollte ihn dann zum Kaffee oder besser noch zu einem Merlot in Ruhe studieren.
Vor dem Essen versuchte ich Yvonne anzurufen, um ihr mitzuteilen, dass es später würde. Erfolglos. Ihr Handy antwortete nur mit dem üblichen Anrufbeantworter.
Auch Vinzenz wollte ich noch ansprechen. Aber das könnte länger dauern, und ich verschob das Gespräch deshalb auf morgen.

Während des Essens dachte ich, heute wohl zum ersten Mal, nicht an die Abfolge der so aufregenden Ereignisse und Überraschungen. Denn ich widmete mich jetzt ganz dem Essen und dachte viel mehr an die Zeit zurück, als meine Mutter, eine Galli aus Gerra Gambarogno, öfters Tessiner Spezialitäten gekocht hatte.
Ja, das war ein Leben lang her.
Dann aber, nach dem Kaffee bei einem Boccalino Merlot, begann ich mit dem Studium des Nikki-Ordners.
Das fiel mir in diesem Ambiente auch leicht. Das Restaurant hatte keineswegs den Charakter eines Tessiner Grotto, eher den Stil eines Bahnhofbuffets oder eines Schulzimmers, mit ganz gewöhnlichen Holzstühlen und simplen Holztischen, meist für vier bis acht Personen vorgesehen. An den Wänden billige Kopien irgendwelcher Meister, natürlich an einer Wand ein Fernseher, und auch ein hässlicher Schrank aus Glas fehlte nicht, in dem wohlgekühlter Weisswein gelagert war. Gäste hatte es nur noch wenige.
Bis auf ein Paar am anderen Ende des Restaurants sass niemand in dem Raum. Ich schaute kurz hinüber. Soweit ich es erkennen konnte, war sie eine reife Schönheit von etwa vierzig Jahren. Lange schwarze Haare umrahmten ihr leicht mediterranes Gesicht. Der Mann sass mit dem Rücken zu mir. Er trug ein blaues Hemd und hatte eine recht üppige braune Haarpracht. Auffallend war seine ausladende Gestik, denn er schien auf die Frau einzureden, die ihm hingebungsvoll zuhörte.
«Uninteressant für mich», dachte ich.
Ohne jede Ablenkung konnte ich mich daher dem Studium des Ordners widmen.

Die erste Fiche mit Yvonne Klein hatte ich ja bereits durchgesehen. Wesentlich war, dass noch kein Geld geflossen war und der erste Coup noch bevorstand.
Im Folgenden nahm ich mir vor, nicht alles durchzusehen, sondern mich vor allem auf das Finanzielle zu konzentrieren. Frage: Hatte eine dieser bedürftigen Damen einen Grund, weil von Nikki nichts zurückbekommen, ihm eine Lehre zu erteilen? Das war unwahrscheinlich, und es müsste dann noch glühende Eifersucht mit im Spiel sein, damit eine Frau eine andere absticht.
Die erste hiess Helga Bollwerk. Jahrgang 1958 und damit dreiundsechzig Jahre alt, wohnhaft in Bremen. Ihr Gatte selig besass eine grössere Handelsgesellschaft, die sie von einem Manager treuhänderisch führen liess. Solange das Wetter gut war, zog sie das Leben im Tessin vor, und zwar wohnhaft in Bellinzona.
So weit meine ersten Schlussfolgerungen.
Das finanzielle Ergebnis erwies sich als einfach: Nikki hatte von ihr in verschiedenen Tranchen siebenundachtzigtausend Franken bezogen, aber bisher nichts zurückbezahlt. Aus einer Notiz schloss ich aber, dass ihm das Thema Sorgen bereitete. Auf den zweiten Blick – und zwar aufgrund der Korrespondenz – wurde mir klar, dass es auch eine eher intellektuelle bis leicht esoterische Beziehung war, was aber nichts über die effektive amouröse Tätigkeit der beiden besagte. Zum Beispiel:

Mein lieber Nikki,
ein liebes guten Morgen noch aus dem Bettchen.
Danke für Deine lieben Worte. Du schaffst es tatsächlich jeden Tag, mir ein Lächeln ins Gesicht zu zaubern und mein Herz zu berühren.

Das tut gut.
Danke Dir, Du Liebmensch.
Schau mal, ausnahmsweise ein schöner Satz von Albert Camus:
«Gehe nicht hinter mir, vielleicht führe ich nicht.
Gehe nicht vor mir, vielleicht folge ich nicht.
Gehe einfach neben mir und sei mein Freund.»
In diesem Sinne und grosser Freude, dass es Dich in mein Leben gespült hat und ich Dich in meine Gedanken einschliessen kann.
Der Mensch als Ganzes zählt, nicht nur im Diesseits, auch in dem normalen verborgenen Jenseits der Geisteswelt, die sich uns durch Liebe erschliesst.
Deine Helga ganz die Deine

Mein liebster Nikki,
so, nun bin ich bis Donnerstagabend 19:00 Uhr alleine. Welch eine Verschwendung!
Es ist immer ein Vergnügen, mit Dir zu sprechen, wenn es auch meistens nur das Telefon ist. Leider ist es auch für mich nicht so einfach, wenn ich zu Hause bin. Ständig eine Art Damoklesschwert der Kinder über sich hängen zu haben, dass irgendwo ein Ohr hängt oder eine schwarze Tür aufgeht.
Die Art, wie wir hin und wieder kommunizieren, ist im Tonfall verräterisch.
Wunderbar ist, was mich animiert, lebendig und fröhlich macht. Gerne würde ich da manchmal mehr auf Deine verführerischen, für mich seltsamen Worte eingehen, obwohl Du mir viel Freude und Reize bringst. Denn ich liebe Dich, ehrlicherweise mit ganzer Seele.
Das Du so unerwartet Schönes an mir entdeckst, neben meinen spargelfernen Kilos auf den Rippen, ist ein schönes Gefühl.
Liebherzlich Deine Helga

Mein liebster Nikki,
es ist nicht selbstverständlich, was Du da alles entdecken darfst an mir.
In diesem Fall muss ich diese Freude auch an Dich zurückgeben. Nicht nur Dein allgegenwärtiger Geist zieht mich im Geiste an, sondern auch Dein doch noch recht jugendlicher Körper (wenn auch in der Legion geschunden) sowie Dein anderer schöner Teil (auch selten).
Geniesse diese Worte, wer weiss, wann Du wieder so Beseeltes hörst!
Eigentlich bin ich über die Leichtigkeit, mit der wir uns, wenn Du da bist, bewegen, ziemlich überrascht. Sonst erwische ich mich aber dabei, es überhaupt nie zu sein.
Im Gegenteil, als sei es halt eben so.
So, nun habe ich genug gesäuselt – ich sehe Dich gerade, wie Du schmunzelst, aber nicht ganz unstolz bist. Hmm?
Ich schicke Dir einen besonderen Kuss
Deine Dich liebende Helga

Mein lieber Literat auf Reisen und liebster Nikki,
welch schöne Worte zum Morgen, als Gabe für eine schöne Zeit.
In der Tat hatten wir unsere verbale und nonverbale Kommunikation mit einer Leichtigkeit gesteigert, die für mich ungewohnt und ein unerwartetes Geschenk ist.
Wie sagt es sich leicht: Unverhofft kommt oft – aber man muss es dann auch sehen, annehmen und einfach zulassen. Das Glück dazu ist dann der Gleichklang.
Jetzt muss ich wieder leise lachen und schmunzeln. Unverhofft? Eigentlich eher nicht.
So, nun genug!! Auf, auf in den sonnigen Tag, wieder gefüllt mit Terminen.

Auf bald bei mir.
Deine Helgalieb

Da wurde ich jäh aus dem Fichenstudium herausgerissen, und zwar durch einen an mich gerichteten Satz:
«Sie sind doch der Professor Steinmann. Guten Abend, Herr Professor. Schön, Sie hier im Tessin zu sehen.»
Ich blickte zu dem Mann hoch. Breites Gesicht, breiter Mund. Er trug sein blaues Hemd offen, sodass ein Goldkettchen um den Hals sichtbar wurde. Er wirkte auf mich wie ein in die Jahre gekommener Lebemann.
Sofort wusste ich, wer mich da ansprach, obwohl ich ihn lange nicht mehr gesehen hatte. Es war Melchior Roth, ein Boulevardjournalist, spezialisiert auf Gerüchte im Politmilieu. Er musste schon über sechzig sein, denn er war ehemals Student von mir, hatte jedoch später das Studium abgebrochen. Er hatte den Ruf, Hinz und Kunz unter der B-Prominenz zu kennen, und galt als oberflächlicher Allerwelts-Causeur. Kein Schwergewicht also. Zu seinem Vorteil gereichte ihm, dass er mit einer sehr bekannten Nationalrätin der SP verheiratet war. Diese hingegen war Dossierbeschlagen, vertrat einige Verbände und engagierte sich in verschiedenen Organisationen. Sie war schweizweit bekannt, und niemand begriff eigentlich, warum die beiden ein Paar waren.
Was ich absolut vermeiden wollte, war ein Gespräch mit ihm. Das konnte nur schief enden. Daher grüsste ich artig zurück, nickte der Schwarzhaarigen zu und widmete mich dann wieder meiner Lektüre.
Er war in seinem Job wohl solch kühle Abfertigungen gewohnt, denn er ergriff jetzt die Hand der Frau, und sie gingen

weiter. Ich konnte mir vorstellen, mit welchem Schwall von Worten er nun der Schönen von mir erzählen würde.
«Was soll's», dachte ich. «Es ist letztlich eine kleine Welt, die nichts mehr mit mir zu tun hat.»
Die nächste war Christina Waldburg, drei Jahre in seinem Set. Dreiundsechzig Jahre alt. Nikki schien sie noch nicht aussortiert zu haben, und die Schulden waren auch hier nicht zurückbezahlt. Sie beliefern sich auf fünfundsiebzigtausend Franken.
Diese Christina stammte aus dem Norden Deutschlands, allerdings wurde nicht ganz klar, von wo genau. Vielleicht Hannover.
Wie bei der Vorgängerin notierte ich mir die Handynummer und die Adresse in Gerra Gambarogno.
Interessant an dieser Christina-Waldburg-Beziehung schien mir, dass sich diese durch ein Schwergewicht im körperlichen Austausch auszeichnete. Dazu hatte es sehr viele, aber meist nur kurze Botschaften, die sich oft wiederholten.
Vielleicht war dies der Grund, dass er sich bezüglich Rückzahlung keine Gedanken machte, weil man es als Lohn für seinen Körpereinsatz verstehen konnte.
Hier einige Beispiele:

Lieber Nikki mein!
Es scheint wohl, dass Du in letzter Zeit eine verstärkte Präsenz in verschiedenen Träumen verursachst.
In meinem Fall erfreuliche. Der noch etwas vorhandene bürgerliche Teil in mir hat überlegt, ob ich es mit Dir teile oder nicht. Aber meine andere Hälfte hat gesiegt, will es und immer wieder. Bist ja immerhin Hauptperson:
Bei mir war heute Nacht ein Nikki zu Gast. An den Spielverlauf kann ich mich nicht genau erinnern. Mein allgemeiner Zustand

beim Erwachen lässt Rückschlüsse auf intensiven nonverbalen Austausch zu. Es muss einmal mehr schön gewesen sein, und die Spuren davon spüre ich noch.
Liebherzliche Grüsse an die Hauptperson in der Ferne
Deine Christina

Liebster aller Nikkis,
das war einfach nur schön. Ich kann es nur zurückgeben. Ich habe Dich in vollen Zügen genossen. Und der kleine X ist wunderschön, so wie vieles an Dir. Es bewegt die Sinne.
Bin noch ziemlich hypersensibilisiert durch Deine Aktivitäten. Herrliches Gefühl.
Deine Christina alleine

Hallo, Du grosse kleine Wildsau, Nikki Du,
ich werde heute sicher besser schlafen. Erschöpft von unseren bzw. Deinen ausgiebigen erotischen Ausflügen. Das öffnet jedes unbefleckte Himmelstor.
Ich hoffe sehr, dass Du auch Ruhe findest. Nehme Dich in den Arm und streichle Dich überall.
Bin ab morgen bis Donnerstagabend für Dich verfügbar. Dann tanze ich auf dem Vulkan.
Deine Christina lieb

Nikki, Nikki,
Du umtriebiger Lustmönch.
Hast Du noch keine weitere scheintote Beute gefunden, die Du entjungfern kannst?
Nun gut, dann probieren wir es noch mal… und immer wieder…
Liebste Grüsse Deine Schöne und fast scheintote Nonne
Christina

Lieber Nikki!
Du siehst attraktiv aus. Aber: Zu zweit und ganz nackt, vom Inneren und Äusseren befreit, das hat einen ganz besonderen, raren Charme und kommt natürlich ganz, ganz selten vor und bleibt dann aber als ein Höhepunkt in Erinnerung.
Deine Wow! Christina

Die Nächste hiess Hannelore Langen. Auch sie war schon dreieinhalb Jahre in seinem Lebensbereich. Und auch sie meinte, sie sei eine Exklusivität. Sie kam aus Frankfurt, und ihr ehemaliger Mann musste wohl im Kunsthandel eine bedeutende Figur gewesen sein. Jedenfalls ordnete Nikki ihr ein grosses Vermögen zu. Sie lebte schon längere Zeit ausschliesslich im Tessin und zwischendurch in Ascona. Finanziell war dies für ihn eine lohnende Beziehung: Aufgrund der einzelnen Beiträge kam ich auf die Summe von hundertsechsunddreissigtausend Franken, netto, denn immerhin fünfundzwanzigtausend Franken muss er ihr wohl zurückbezahlt haben.
Diese Beziehung war nicht nur lohnend, sondern erforderte auch keinen körperlichen Einsatz. Ja sie wollte nicht einmal geküsst werden. Aus der längeren Korrespondenz ging hervor, dass es sich eher um eine komplizierte platonische Freundschaft handelte. Nur einige Beispiele:

Mein lieber Nikki,
Es tut mir leid, dass Du Dir so viele Gedanken machen musst und dass Du einen Kuss erwartest, der nicht kommt. Auf die Wange gebe ich Dir sehr gerne einen Kuss. Auch eine Umarmung. Für mich hat das mit dem Edlen in unserer Beziehung zu tun. Alles andere bringt etwas in die Beziehung rein, das das Edle, das Besondere, das Gehobene trübt. Und das möchte

ich nicht, denn Du bist mir zu wichtig. Ich weiss nicht, ob Du verstehst, was ich meine. Es ist gerade eben dieses Edle, was unsere Beziehung so schön und speziell macht... Vielleicht ist es besser, wenn ich Dir das Schmuckstück zurückgebe, das Du mir geschenkt hast, damit die Erwartungen nicht zu stark enttäuscht werden. Ich möchte mit diesem Schmerz und mit diesem Druck nicht leben.
Herzlich
Deine Hannelore

Liebe Hannelore,
nicht gleich das Kind mit dem Bad ausschütten... aber so, wie Du ehrlich bist, bin ich das eben auch. Du weisst, wenn das Edle wahr ist, dann ist alles erträglich... aber auch wenn es nur doppelbödig wäre, musst Du mir nichts zurückgeben. Ich verschwinde einfach, denn meine Basis zu Dir ist der Glauben an Dich und Deine Verbundenheit... also geht es gar nicht um Erwartungen... mit denen ist es bald vorbei.
Aber der Kuss hat eben Symbolwert, und da kann man schon darüber nachdenken... Sorry, dass ich heute beim Warten auf Dich den Humor verlor.
Dein Nikki

Mein lieber Nikki!
ich bin so viel älter als Du, was mit anderen Worten heisst: In zwei vielleicht vier oder fünf Jahren ist alles nur noch Erinnerung. Aber die Besonderheit wirst Du nicht vergessen. Ich war eine Frau, die sich nicht für Deine Taten direkt interessierte, sondern vor allem für Deine Seele. Soweit ich das kann beziehungsweise konnte, habe ich meine Möglichkeiten dazu genutzt, um auch mich Dir zu geben.

Das Entscheidende ist der Geist, die Beseelung und, ja, die Liebe, welche dieses «Uns» begleitet.
Ich meine, das ist, was dann bleibt und Du vielleicht erst viel später erkennst, die Einmaligkeit und Besonderheit in unserem Leben.
Ich grüsse Dich herzlich und wünsche Dir einen ausgewogenen und befriedigenden Tag
Deine Hannelore

Liebster Nikki,
Du bist sooo... ich bin weder abgeklärt noch ohne enthusiastische Begeisterung. Das weisst Du auch. Und Du kennst erst einen kleinen Teil meiner Begeisterungsfähigkeit und ungebremsten Lebensfreude, es gibt nicht viele Menschen, die mich so kennen. Allerdings in anderer Weise und nicht sooooo wie Du!!! Nur die Realität bremst.
Deine [unleserlich] Hannelore!
PS: Ein kleines Gedicht für Dich allein, lieber Nikki!
Sind es schöne Lago-Gedanken
Die sich seltsam um mich ranken,
Oder steigt der heisse Sand,
Mir in den Kopf am Lagostrand?
Vieles, was wir uns so schenken,
Gibt es nur in unserem Denken.
Ja hat mein Leben denn einen Sinn,
Wenn ich ohne Traumwelt bin...?

Mein lieber Nikki,
Vielleicht hast Du gemerkt, dass ich «auch mich» geschrieben habe, also mich bewusst von den «anderen» Freunden getrennt habe. Ich weiss, dass es bei uns anders ist, also was anderes

ist. Denke aber bitte nicht zu viel nach, und interpretiere bitte nicht alles, weil Du jetzt zu viel Zeit hast. Ich habe Dir oft gesagt, ich bin so, wie ich bin, und spiele keine Spiele. Ich ändere mich nicht, auch Dir gegenüber nicht. Das Einzige, was jetzt effektiv ist, ist, dass ich zeitlich etwas stark gefordert bin.
Ich denke an Dich, mein lieber Nikki.
Herzlich
Deine Hannelore

Ich hatte bereits eine Stunde lang den Ordner studiert, und nun sollte ich dringend zu Yvonne. Sie würde sicher ziemlich unruhig werden, denn jetzt ging es schon gegen zweiundzwanzig Uhr.
Ich versuchte, sie noch einmal per Handy zu erreichen, aber wiederum kam nur der Anrufbeantworter.
Nun wurde ich doch langsam unruhig. Komisch, man kannte sich erst so kurze Zeit, und schon kümmerte es einen, wie es dem anderen ging.
Trotzdem wollte ich noch schnell die nächste Frau durchgehen, denn aufgrund der Ausführungen von Nikki war anzunehmen, dass ja nur fünf Bedürftige für ihn aktuell sein konnten.
Sie hiess Regina Sauter und war aus München, aber auch erst sechsundsechzig Jahre alt. Über ihren Mann und ihre Vermögensverhältnisse war nichts notiert.
Sie war zwar die Zweitjüngste, jedoch bereits am längsten dabei. Sie musste neunundfünfzig Jahre alt gewesen sein, als er sie in sein Schneeballsystem aufnahm. Finanziell war es lohnend, denn dem Finanzblatt entnahm ich, dass er bei ihr jährlich etwa fünfunddreissig- bis vierzigtausend Franken herausholte und davon kürzlich dreissigtausend zurückbe-

zahlt hatte. Hier gab es nur wenig Korrespondenz, offensichtlich lief das vor allem per Telefon ab oder im persönlichen Kontakt. Auch hier notierte ich mir wieder ihre Adresse in Ronco sopra Ascona und die Handynummer.
Einige wenige Korrespondenzbeispiele:

Mein lieber Nikki,
ich wünsche Dir eine gute Nacht! Und wisse bitte etwas ganz klar: Ich will einfach mit Dir Zeit verbringen. Ohne Erwartungen. Und ich hab Dich lieb. Nimm mich einfach so, wie ich bin. So wie ich das auch bei Dir tue. Was die anderen sagen, ist mir eigentlich egal.
Herzlich
Deine Regina

Liebe Regina,
weisst Du, ich kenne Dich und Deine besondere Situation zwischenzeitlich sehr gut... das Geheimnis liegt eben darin, dass das in unseren Tiefensphären nicht enttäuscht und dass ich das Gefühl einer inneren Verbundenheit habe, die sich eben nicht erklären lässt. Natürlich gibt es Wölkli, wie ich sagte, die kommen und gehen... aber in der Summe hat es irgendwie für beide gestimmt.
Herzliche Küsse
Dein Nikki

Mein liebster Nikki auf dieser Welt,
wenn mich ein Mann fragt, ob ich ihn will, dann würde ich das nie sagen, weil das etwas Besitzergreifendes hat. Und: Du kannst einen Menschen nie besitzen, sondern nur mit ihm gemeinsam, mal länger, mal kürzer, mal so, mal anders, sein Sein

teilen oder auch vorübergehend zu einem gemeinsamen Sein fügen, eben ganz seltener auch körperlich berühren.
Trotzdem ein herzhafter Kuss
Deine Regina

Liebe Regina,
nun zu Deinen Sorgen:
Es geht um die Doppelgängerin. Ich sagte ja, sie ist nicht blond und ist überhaupt anders. Man kann etwa sagen, ein Vorstellungsgespräch hat stattgefunden, und sie ist im Wartezimmer. Ich weiss nicht, ob Du Sorgen haben musst.
Sie ist eine typische Löwin.
Du bist immer da, ja, aber andererseits schmeichelt es, wenn eine nicht unattraktive Frau mich vergeblich anrennt.
Kuss
Dein Nikki

All das war ja sehr interessant und zeigte mir das gegenwärtige Set von Nikki wie auch sein Schneeballsystem, aber zugleich wurde klar, dass er mit diesen Summen nicht reich werden konnte. Denn der Aufwand, der mit dieser Lebensführung verbunden war, dürfte ja auch einiges gekostet haben. Das war wohl auch der Grund, dass er einigen Frauen kein Payback gegeben hatte.
Dann packte ich zusammen, bezahlte die Rechnung und hatte dabei den Eindruck, die Bedienung hätte schon seit Längerem darauf gewartet. Allerdings fragte mich der Gerant, ob ich ein Zimmer möchte, sie hätten noch welche frei. Ich verneinte dankend, aber falls nötig, käme ich darauf zurück.
Antwort: «Noch bis 24 Uhr möglich.»
Also nichts wie los.

Leider dauerte die Fahrt bis und durch Locarno am Ostermontagabend und dann weiter nach Ascona wegen des stockenden Verkehrs etwas länger, sodass ich erst um 22.45 Uhr vor dem Haus «Bellavista» eintraf. Wiederum parkierte ich vor Yvonnes Garage und war froh – warum, wusste ich eigentlich nicht –, dass mein GLA von dem Strässchen aus nicht einsehbar war.
Kein Licht war zu sehen, die Villa lag im Dunkeln.
Eigenartigerweise war auch das Tor nur halb geschlossen, und man konnte ohne zu klingeln den Park betreten.
Das beunruhigte mich.
Auch die Tür war nur angelehnt. Nun wurde ich misstrauisch.
Ich zog meine Glock und entsicherte sie. Denn ich erwartete etwas Unangenehmes, wie heute bereits öfters.
Ich schaltete die Taschenlampe meines Handys ein.
Leise ging ich in das Wohnzimmer, wo Yvonne und ich uns so überraschend nähergekommen waren.
Tja, ich brauchte nicht lange herumzuleuchten.
Yvonne Klein lag halb sitzend auf dem Sofa, wo wir uns geküsst hatten, Mund und Augen weit offen und in der Herzgegend reichlich Blut.
Keine Frage, sie war tot und mit beinahe hundertprozentiger Sicherheit erschossen worden.

11. Gutenachtgespräch

Sofort war mir klar: Das ist eine Falle!
Da hiess es nichts wie weg, und zwar so schnell als möglich, auch weil wohl in den nächsten Minuten die Polizei mit grossem Trara eintreffen würde. Diesmal gäbe es nur mit Zeitglück ein Entkommen, das heisst, wenn die Einsatzfahrzeuge wegen des Osterrückverkehrs nicht durch Locarno konnten und die Polizisten aus Wut das Lenkrad traktierten.
Ich drehte mich um die eigene Achse und rannte zur Tür. Danach in sehr eiligen Schritten hinaus in den Park, am Rande des Kieswegs, damit ich keine Geräusche verursachte. Und schliesslich weiter zum Wagen.
Ohne Licht fuhr ich rückwärts aus der Garageneinfahrt, dann langsam und immer noch ohne Licht im Schein der wenigen Strassenlampen zur nächsten Querstrasse.
Dort schaltete ich die Scheinwerfer wieder ein, drehte nach rechts und fuhr nicht allzu schnell geradeaus weiter. Die Strasse war mit Via al Lido angeschrieben. Bereits bei der nächsten Kreuzung, zur Via Ferrera, drehte ich nach links.
Ich mochte ich mich noch sehr gut erinnern, wie Arom und ich vor zwei Jahren bei starkem Regen durch diese Strasse von Locarno nach Ascona gewandert waren. In einem kleinen Café hatten wir dort eine kleine Mittagsmahlzeit eingenommen, in der Annahme, dass der Regen nachlassen würde. Ein Irrtum.

Im Übrigen kamen mir bis jetzt keine Einsatzfahrzeuge entgegen.
Heute Abend schien das Café nicht in Betrieb. Trotzdem hielt ich auf seinem Parkplatz an und atmete zum ersten Mal tief durch.
Das war wiederum knapp! Sehr knapp!
Warum, Herrgott noch mal, hatten diese Unmenschen, wer auch immer sie waren, nun die richtige Yvonne Klein auch ermordet? Wenn das allein geschah, um mir eine Falle zu stellen, dann handelte es sich bei der ganzen Verschwörung – ich nannte sie bewusst so – um eine abgrundtief böse Geschichte.
Dazu gab es verschiedene Erklärungsmöglichkeiten. Zum Beispiel: Es hatte gar nichts mit mir zu tun. Was ich aber nur schwerlich glauben konnte. Der Jemand oder die Jemandin oder wer auch immer wusste über meine Schritte Bescheid und handelte jeweils im Voraus auf verbrecherische Weise.
«Das sind eigentliche Killer», dachte ich.
Und vor allem: Morgen musste ich meinen Wagen untersuchen, denn an diesem war irgendwo eine Art Transponder angebracht worden (der Ort und Höhe übermittelt, wie im Flugzeug).
Auch waren so viele Warnungen für die Erpressung einer Million unlogisch. Eigentlich sollten die Täter ja schon längst wissen, dass ich mit meinen Mitteln zahlungsbereit war, aber nie die Gelegenheit erhielt, mich zu äussern.
Doch bei allen Reflexionen musste ich nun an das Unmittelbare denken. Wohin jetzt?
Klar, dass sich für mich sofort das Restaurant und kleine Hotel «Gordolese» aufdrängte. Auf Search fand ich auch sofort die Telefonnummer und rief an.

«Kein Problem, kommen Sie, wir haben Sie beinahe erwartet.»
Auf meine Frage «Warum?» erhielt ich keine Antwort, sondern lediglich:
«Möglichst bald, denn wir möchten für heute Restaurant und Hotel schliessen.»
Nun fuhr ich wieder zurück über Locarno, wobei sich jetzt, nach dreiundzwanzig Uhr, der Verkehr gelichtet hatte. Im Hotel angekommen, erwartete mich der Gerant und meinte nur, nachdem ich das Anmeldeformular ausgefüllt hatte:
«Zimmer sechs im ersten Stock, der Schlüssel steckt bereits, und gute Nacht.»
Die Selbstverständlichkeit, wie ich da empfangen und zum Zimmer gewiesen wurde, verwunderte mich etwas, doch der Schock über Yvonnes Tod überdeckte jede etwas aussergewöhnliche Verwunderung. Ich dachte nicht weiter darüber nach.
Im Übrigen hatte der lange Tag mit all diesen Aufregungen mich doch ziemlich ermüdet. Das Beste für mich war, mich endlich in einem Bett mit einem flauschigen Duvet zuzudecken und zu versuchen, zur Ruhe zu kommen … und vielleicht einzuschlafen.
Zwei Morde und je zwei Brandstiftungen in etwas mehr als vierundzwanzig Stunden! Das war eine aussergewöhnliche Dichte an schlimmen Ereignissen, und das in meinem doch recht ruhigen und gut strukturierten Leben, und vor allem mit bald achtzig Jahren, wo andere innerlich von sich selbst entfremdet im Altersheim auf den Sensenmann warten.
Langsam ging ich die Treppe in den ersten Stock hoch. Das Hotel schien noch nicht mit einem Lift ausgestattet zu sein, und das hiess, aus irgendeinem Grund noch nicht für Behin-

derte nachgerüstet. Korruption? Nun, das kümmerte mich im Moment gar nicht.

Im schwachen Licht der Gangbeleuchtung sah ich auch bald die Nummer 6, wobei kein Schlüssel steckte.

Ich ging hin, öffnete die Tür und sah vorerst nichts, weil offenbar die Vorhänge bereits vorgezogen waren. Also Licht an. Und schon stand die nächste Überraschung vor mir!

Eine fast splitternackte Frau in einem beinahe durchsichtigen schwarzen Dessous, das eigentlich nichts Wesentliches verbarg. Sie war nicht gleich zu erkennen, aber da stand tatsächlich die schwarzhaarige Begleitung von Melchior Roth vor mir. Sie lachte mir ins Gesicht und begrüsste mich freundlich, ja sogar etwas schelmisch:

«Guten Abend, Herr Steinmann, ich habe Sie eigentlich früher erwartet.»

Einen Moment lang glaubte ich zu träumen! Illusion des überforderten Gehirns? Aber keine Frage, die Frau war aus Fleisch und Blut, und zwar nicht dem schlechtesten.

Ich stellte meine Tasche auf den Boden neben mich, schüttelte den Kopf und stotterte:

«Was soll denn das, hat Herr Roth Sie geschickt? Und wer sind Sie überhaupt?»

«Ich bin Jasmin. Aber mit diesem schwätzigen Melchior habe ich nichts zu tun, habe ihn erst beim Apéro kennengelernt», antwortete ziemlich selbstbewusst die attraktive Dame im beinahe Evakostüm.

«Man hat mich zu Ihnen mit einer Botschaft geschickt.»

Klar wusste ich im Moment nicht, was antworten und wie reagieren. Denn irgendeinmal geht einem die Fantasie aus, wie man bei den vielen unvorbereiteten Überraschungen richtig handelt. Die Jasmin aus meinen Militärzeiten im Tessin je-

denfalls war es nicht, denn die dürfte heute vierundachtzig Jahre alt sein, wenn sie noch lebt. Ein Zufall des Schicksals? Ich schluckte zwei-, dreimal leer und antwortete dann sarkastisch:
«Schön für Sie, aber warum wollen Sie mir eine Botschaft auf diese Weise überbringen, Frau Jasmin?», und ergänzte: «Hat es hier eine Minibar? Ein Cognac wäre jetzt nicht das Schlechteste.»
Das Zimmer, alles in Hellblau gestaltet, bestand aus einem breiten Bett, einem Tischchen mit zwei Sofastühlen und einem Schrank.
«Kein Problem, Herr Steinmann. Es hat zwar keinen Cognac, aber wenn Ihnen ein Schluck Whisky passt, habe ich vorgesorgt.»
Sie wies auf den kleinen runden Tisch, wo eine Flasche Black Label und zwei Gläser mit Eis – bereits ein bisschen geschmolzen – bereitstanden.
Na dann, dieser Überraschung ging ich jetzt doch gerne auf den Grund. Trat an das Tischchen heran, füllte eines der Gläser halb voll, blickte sie fragend an, und sie meinte:
«Mir bitte auch.»
Dann hatte ich mich ein bisschen gefasst, versuchte sogar, ihr charmant das Glas zu reichen, und trank das meinige in einem Zug aus. Das brannte in der Kehle. Aber recht schnell spürte ich eine Wärme in mir aufsteigen, die mir diese besondere Überraschung zu erleichtern begann.
«Könnte doch spannend werden», dachte ich. Und sagte:
«So, liebe Frau Jasmin, jetzt setzen Sie sich bitte auf den Sessel am Tisch. Dann möchte ich doch etwas mehr wissen, was das soll und was für eine ominöse Botschaft und von wem Sie mir überbringen müssen.»

Sie tat wie geheissen, lächelte mich weiter an, nahm einen Brief hervor und legte ihn vor mir auf den Tisch.

«Nein», antwortete ich, «so schnell geht das nicht. Zuerst einmal zu Ihnen, Frau Jasmin. Warum in diesem attraktiven Kostüm, und wer hat Sie geschickt?»

Jetzt zögerte sie ein bisschen, hüstelte, kratzte sich hinter dem rechten Ohr unter ihrem schwarzen Haarvorhang und meinte dann:

«Sie werden es ohnehin feststellen. Es ist Ihr Cousin Nikki, und er hat mich gut dafür bezahlt.»

«Sie kennen ihn?»

«Ja, seit vielen Jahren.»

«Wie viele Jahre?»

«Zehn oder fünfzehn. Seit er einige Zeit alleine im Tessin wohnte … Ich bin, das können Sie ja vermuten, eine Professionelle. Das Erfreuen von Männern ist mein Beruf, und damit wir uns gleich richtig verstehen: Ich liebe meinen Beruf, wenn ich auch nicht jedem Klienten die gewünschten Dienste erfülle. Und Nikki, Ihr Cousin, war und ist mehr als nur ein gewöhnlicher Klient. Ich glaube sogar, wir haben uns in all den vielen Jahren eng befreundet, beinahe ehe-ähnlich. Wir treffen uns regelmässig, und neben der beruflichen Seite sprechen wir über dies und jenes, über seine, aber auch meine Sorgen. Sie können sich ja vorstellen, lieber Herr Steinmann, dass mein Beruf nicht immer ein Honigschlecken ist. Er hatte und hat immer grosses Verständnis für mich, und sein Lebenslauf, vor allem seine Zeit in der Legion, scheint besonders geeignet hierfür. Genügt Ihnen das?»

Ich dachte einen Moment nach. Mir wurde bewusst, dass hier vielleicht ein Schlüssel zu all den extremen Ereignissen vor mir sass oder zumindest zu einem Teil davon. Nun hiess es vorsichtig weiterfragen, denn es war ja anzunehmen, dass sie als ständige Freundin von Nikki nicht alles, was sie wusste, ausplaudern würde.

«Also, Jasmin, Sie können mir Matthias sagen. Ich weiss nicht, ob Sie orientiert sind, was ich in den letzten zwei Tagen erlebt habe. Sind Sie das?»

«Absolut nicht. Nikki sagte mir vor drei Stunden: Du wirst sehen, mein Cousin Matthias, ein netter alter Mann, sorry, wird hier auftauchen, und ich möchte, dass du ihm diesen Brief überreichst. Aber nicht nur. Bereite ihm ein bisschen Freude, er wird es sicher nötig haben. Daher habe ich nun mein Arbeitskleid angezogen.»

«Zweifellos hübsch, es gefällt mir, aber ist es vollständig?»

«Sie sind ein Lustiger, Matthias. Natürlich nicht ganz. Wollen Sie bereits jetzt, dass ich meine – im Übrigen recht teuren – Dessous ausziehe?»

«Nein, nein, so weit sind wir noch nicht. Zuerst möchte ich Sie einige Dinge fragen, sofern Sie gestatten.»

«Wollen Sie nicht zuerst den Brief lesen?»

«Nein, noch nicht. Mich interessieren die Umstände, warum gerade Sie hier sind mit dieser Aufgabe, die zweifellos gut gemeint ist.»

Das war nicht ganz richtig. Tatsächlich interessierte mich der Inhalt der Botschaft brennend. Doch konnte ich mir vorstellen, dass dieser wieder etwas enthielt, was dann einen nervlichen Stress bedeuten würde, der mich bei der Erfragung der wichtig scheinenden Umstände ablenken könnte. Daher wollte ich mit dem Öffnen des Briefes noch etwas zuwarten.

«Sagen Sie, liebe Jasmin, kennen Sie die beruflichen Tätigkeiten von Nikki?»

Sie zögerte etwas, dachte nach, wahrscheinlich, ob sie darüber sprechen wollte, durfte oder nicht. Dann folgte eine Antwort, die mich doch etwas überraschte:
«Ja und nein. Ich weiss, er macht irgendwelche Geschäfte mit reichen Leuten, vornehmlich Frauen, und zwar alle aus Deutschland. Was er ihnen genau verkauft, weiss ich nicht. Aber oft kommt er zu mir, nachdem er gerade ein gutes Geschäft abgeschlossen hat, und wir feiern das jeweils recht ausgiebig mit Champagner, ja hin und wieder sogar mit Kaviar. Hier muss ich allerdings anmerken, dass dies in den letzten zwei, drei Jahren seltener vorgekommen ist. Ich habe auch den Eindruck, er hat etwas mehr geschäftliche Sorgen.
Trotzdem, er bezahlt mich immer hervorragend, und falls er aus irgendeinem Grund nicht flüssig ist, hat er mir noch jedes Mal etwas später die geschuldete Summe gegeben.
Ehrlicherweise muss ich zugeben, aber das jetzt wirklich unter uns, denn ihm gegenüber habe ich das nie so deutlich gemacht: ich habe Nikki sehr lieb, und ich hätte ihm auch zur Verfügung gestanden, wenn er mich nicht bezahlen konnte.
Ich bin nun bereits vierzig Jahre alt. Der Vorteil bei meinem Gewerbe ist, man gewinnt mit der Zeit ähnliche Kunden wie Nikki, die einem unabhängig vom zunehmenden Alter die Treue halten. Es ist eben eine falsche Annahme, lieber Matthias, dass unser Gewerbe allein auf körperlichen Diensten beruht. Nein, wichtiger ist es oft, zuhören zu können, kompetent zu antworten. Mit der Zeit wird man eine Art... Schattenberater wäre übertrieben, aber eine wichtige Ansprechperson dieser Menschen. Ja, ich habe sogar zwei Klienten, mit denen ich praktisch keinen körperlichen Austausch mehr habe, sondern der Kontakt sich auf Gespräche

beschränkt. Vielleicht um direkter an den anderen heranzukommen, führen wir diese Gespräche zwar im Bett und mit einer leicht körperlichen Verschränkung.
Das tut diesen Männern offenbar gut, dass sie neben ihren beruflichen und vor allem ehelichen Verbindungen jemanden haben, mit dem sie sich völlig unbeschwert austauschen können und vor allem wissen, dass es vertraulich bleibt. Das ist bei den Kolleginnen aus dem Osten schlicht unmöglich. Also mein Vorteil.
Lieber Matthias, das musst du dir merken, ich werde dir keine Dinge aus dem Leben von Nikki erzählen. Denn auch unsere ‹Beziehung› ist mehr als nur vertraulich. In einem Punkt stimmt er allerdings nicht mit den anderen Klienten überein: Er hat mich noch nie über die Art seiner Geschäfte ins Bild gesetzt.
Ein wichtiges Prinzip meiner oder unserer Tätigkeit besteht eben auch darin, dass man nicht neugierig nachfragen darf. Das, was einem die Herren offenbaren wollen, nimmt man mit Interesse und Einfühlung entgegen. Aber Neugierde ist ungebührlich und führt eben nicht zu diesem bindenden Vertrauensverhältnis. Genügt Ihnen das, Matthias?»
«Dafür habe ich volles Verständnis. Jeder Beruf hat seine Ethik, und ich habe mich bei meinen Geschäften, und zwar erfolgreichen, immer darangehalten. Ja, und ich gebe zu, es ist wichtig, die Dinge oder die verschiedenen Seinsebenen nicht zu vermischen.»
Nach diesen doch recht aufschlussreichen Äußerungen hatte ich beinahe den Brief vergessen, doch bevor ich ihn öffnete, wollte ich doch etwas konkreter wissen:
«Sie sprechen, liebe Jasmin, von Frauen, mit denen er Geschäfte macht. Kennen Sie die eine oder andere?»

«Ja, eher durch Zufall, dass ich ihn mit zwei dieser Frauen in Ascona oder Locarno, was meine Einzugsgebiete sind, beim Essen oder beim Kaffee oder an einer Bar gesehen habe. Allerdings gilt auch hier das Prinzip: Wir kennen uns nicht. Auch nicht durch ein verräterisches Hinblicken oder eine entsprechende Gestik darf man sich verraten. Das ist in unserem Beruf äusserst wichtig.»

«Ich weiss, dass ich jetzt wahrscheinlich die Grenze der Neugierde überschreite. Aber mich würde doch interessieren: Ist Ihnen in der letzten Zeit, in der er offensichtlich etwas mehr Sorgen hat, eine dieser Geschäftsbeziehungen mit Frauen besonders aufgefallen?»

Nun schwieg sie, dachte nach und wusste wahrscheinlich nicht, ob und wie sie antworten wollte. Allein aus ihrer Mimik des Nachdenkens ergab sich für mich, dass ihr tatsächlich etwas Besonderes aufgefallen sein müsste. Daher legte ich nach:

«Ich spüre es, liebe Jasmin. Ihnen ist in der letzten Zeit bei diesen Sichtkontakten etwas aufgefallen. Sie müssen ja zugeben, dass Ihr Auftrag bei mir etwas Besonderes aufweist und nicht alltäglich ist... nein, geben Sie mir vorerst keine Antwort. Es ist so – und Sie müssen das auch verstehen –, dass ich mich ein bisschen mehr für Nikki und sein Umfeld interessiere.

Also bitte noch einmal: Sagen Sie mir doch, was Ihnen da in der letzten Zeit aufgefallen ist.»

Ich füllte dabei ihr Whiskyglas wieder halb voll, denn sie hatte ihres in kleinen Schlucken bereits geleert. Auch ich schenkte mir nach, ich hatte nämlich seit dem ersten grossen Schluck nichts mehr getrunken. Im Übrigen war für mich Johnny Walker Black Label etwas vom Besten, was man aus Schottland importiert.

«Ja gut, unter uns. Ich sah ihn zwei-, dreimal unter anderem mit zwei Frauen, die mir auffielen. Beide eher in den Sechzigern, die eine blond, die andere schwarzhaarig. Die Blonde kühl, zurückhaltend, irgendwie speziell, und vor allem nie mit einem Lächeln im Gesicht. Und auch Nikki blickte so ernst, wie ich ihn eigentlich sonst nie erlebe. Die andere, die Schwarzhaarige, kleiner, war ziemlich exaltiert, schwatzte viel und intensiv auf Nikki ein. Er wirkte beinahe ein bisschen eingeschüchtert, was nicht gerade seine Art ist.
Mit Männern dagegen habe ich ihn noch nie gesehen. Tja, etwa das, mehr möchte ich nicht erzählen.»
Für mich war klar, die kühle Blonde musste die Hannelore Langen sein, die ihm ja nicht einmal einen Kuss gestattete. Und die andere ganz eindeutig die Heiratsschwindlerin auf der Pirsch, nämlich Frau Schuster, die mit einem Bajonett im Rücken bei mir im Schlössli für immer schwieg.
Das war zwar interessant, aber viel Erleuchtung gab es nicht her. Diese blonde Frankfurterin könnte aber auf irgendeinem Weg erfahren haben, dass sie keine Exklusivität genoss und dass sie das Geld, welches sie Nikki spendete, für den Unterhalt eines Schwindlers ausgegeben hatte. Das könnte vielleicht eine glühende und brennende Eifersucht als Tatmotiv entflammt haben. Vielleicht hatte sie ihn auch per Zufall mit dieser Haushälterin gesehen und dann zugeschlagen beziehungsweise zugestochen.
Nein, das war unwahrscheinlich. Ich konnte mir nicht vorstellen, dass eine Frau Nikki nach Ursellen nachreiste und ihre Rivalin, zudem aus einer rein zufälligen Konstellation heraus, auf diese Weise im Schlössli abstach. Im Übrigen: Alle diese Frauen, mit Ausnahme der Erstochenen, waren schwerreich und hatten sicher keinen Grund, eine Erpressung von einer

Million zu initiieren. In dieser Beziehung hatten sie ja keinen Bedarf.

Nein, das Gespräch mit der lieben Jasmin brachte keinen neuen, grundsätzlich erhellenden Hinweis.

Nun war es doch an der Zeit, dass ich diesen Brief öffnete. Ich meinte:

«Liebe Jasmin, vielen Dank und vielen Dank für Ihr Vertrauen. Ich glaube, jetzt ist der Moment gekommen, dass ich dieses Kuvert öffne.»

Mit meinem kleinen Sackmesser schnitt ich das längliche Kuvert auf und legte den gefalteten Brief auf meine Knie, für Jasmin so nicht lesbar. Dabei fragte ich mich zum ersten Mal, warum diese Jasmin, wohnhaft und arbeitend im Tessin, so gut Deutsch sprach.

Nicht wichtig, denn was las ich da in Computerschrift:

Herr Steinmann,
es ist an der Zeit, nach all den Warnungen die Sache etwas zu konkretisieren:
Sie überweisen innerhalb von zehn Tagen auf ein Krypto-Konto drei Millionen Schweizer Franken in Bitcoin. Sie haben Glück mit den gegenwärtigen Bankgesetzen, auch wenn sie von mehreren Banken aus ein Bitcoin-Konto eröffnen, wirkt ein grösserer Betrag nicht auffällig.
Wir wissen, dass Sie dafür etwas Zeit brauchen. Sobald Sie bereit sind, rufen Sie Nikki an, und er wird Ihnen dann das Bitcoin-Konto mitteilen, auf das die drei Millionen überwiesen werden müssen.
Alle seine Opfer werden sich nämlich sehr freuen, und zwar nicht nur die gegenwärtigen, wenn sie für die Schwindeleien von Nikki entschädigt werden.

Wir danken Ihnen bereits im Voraus für Ihr Verständnis und die Bitcoin-Überweisung.
Mit besten Grüssen
eine Gruppe von Menschen, die mit den Geschädigten solidarisch sind

12. Vergeistigte Keuschheit

Was gab es da noch zu sagen oder zu denken, die Sachlage war ziemlich klar: Ich hatte jetzt zehn Tage Zeit, die drei Millionen auf einem Bitcoin-Konto bereitzustellen, so wie ich ja bereits eine Million veranlasst hatte. Ob diese hohe Summe irgendwie an gesetzliche Schranken stiess, konnte ich nicht beurteilen. Allerdings musste ich mich im Laufe des nächsten Tages mit meinem Treuhänder darüber unterhalten.
Bitcoin gilt ja heute als eine beliebte Anlageform für moderne Menschen. Zum Teil hatten diese auch erhebliche Gewinne gemacht, aber auch Verluste kassiert, weil die Währung als besonderes volatil gilt. Ehrlicherweise muss ich zugeben, dass das künstliche Geld mich nie interessiert hat, obschon ich weiss, dass der 2009 geschaffene Bitcoin die älteste elektronische Währung mit dem Blockchain-Verfahren ist und es heute sogar raffiniertere elektronische Währungen gibt, die sich jedoch bisher nicht gegen den «traditionellen» Bitcoin durchsetzen konnten.
So weit mein Wissensstand über diese Art von neuem Geld, dem von vielen Ökonomen eine grosse Zukunft vorausgesagt wird. Persönlich verstehe ich das nicht, denn diese Währung hängt letztlich schlicht vom Strom ab. Bei einem längeren Blackout dürfte es doch schwieriger sein, auf die persönlichen Geldreserven zurückzugreifen, das ist zumin-

dest meine unmassgebliche Meinung. Gold als Sicherheit für Krisenzeiten ist mir da lieber, genauso wie das Papiergeld.
Viel gab es heute Abend nicht mehr zu denken. Einzig mein Blick auf das erwartungsvolle Zuschauen der beinahe nackten Jasmin zwang mich zu einer Äusserung:
«Ja, liebe Jasmin, das ist eine rein persönliche Botschaft, die ich leider hier nicht kommentieren kann. Vor allem bin ich jetzt viel zu müde, darüber auch nur nachzudenken. Deshalb werde ich mich jetzt auch ausziehen, ins Bett legen und hoffen, dass ich wieder einmal durchschlafen kann, was in der letzten Zeit kaum der Fall war. Alles Weitere, ob Sie bleiben oder gehen, möchte ich Ihnen überlassen. Für Ihre reizvollen körperlichen Dienste bin ich schlicht zu müde … und zu schlaff.»
Dann ging ich kurz ins Bad, wusch mich, putzte die Zähne, und ab … in der Unterwäsche ins Bett.
Ich musste sofort eingeschlafen sein, denn schon bald weckte mich penetrant mein Handy. Natürlich, es war Arom. Sie kam wie stets mit dem Thai-Flug 791 nach vierundzwanzig Uhr, das heisst kurz nach sechs Uhr morgens thailändischer Zeit, in Bangkok an. So war es auch.
Unser Gespräch dauerte nur kurz, weil wir beide ziemlich müde waren und ich gehemmt mit der Frau neben mir, die aber tief schlief. Wir verschoben einen längeren ehelichen Austausch auf später. Wichtig: Der Flug war gut verlaufen, und sie hatte Bangkok wohlbehalten erreicht.
Für mich selbst überlegte ich jedoch eher etwas beschwert:
«Was erzähle ich meiner guten Arom von den schrecklichen Geschichten, wenn wir beide wieder wach sind?»
Dann schlief ich wieder ein.
Wiederum irgendeinmal in der Nacht – denn ich bin kein Langschläfer und erwache von Zeit zu Zeit immer mal wieder –

merkte ich bewusster, dass ich eben nicht alleine im Bett war. Im Gegenteil, Jasmin schmiegte sich halb an mich, und die tiefen Atemzüge zeigten mir, dass sie auch den Schlaf der «ehrbaren Hure» (nicht als Schimpfwort gedacht) erreicht hatte.
Nun musste ich doch über diese besondere, unerwartete Situation einmal mehr nachdenken.
Von Nikki hörte ich nie etwas direkt, dafür kündigte er mir in dem Brief eine Verdreifachung des Erpressungsgeldes an und bot mir gleichzeitig zur Milderung des Schocks seine langjährige Gespielin an. Das war doch ziemlich strange. Auch zeigte sich in der Praxis, was ich irgendeinmal bei der Philosophin Theodora Becker gelesen hatte. Das hatte mich so beeindruckt, dass ich ihren Namen, eine Ausnahme, nicht vergessen hatte. Sie hatte selbst zehn Jahre als Prostituierte gearbeitet und betonte, dass es falsch sei, diese «Berufung» mit irgendwelchen Klischees abzuwerten. Sie vertrat die Auffassung – so weit meine Erinnerung – dass der Begriff «Hure» auch einen Stolz ausdrücke, zu dem die Dirnen stehen sollten, denn der Begriff «Dirne» drücke den nicht aus. Im Entscheid für die Prostitution stecke sogar etwas Rebellisches gegenüber der strukturierten bürgerlichen Gesellschaft. Der für sie eher negative Begriff der «Prostitution» werde zu leicht unter zwei verschiedenen Klischees betrachtet: nämlich einerseits als Opfer, vor allem der männlichen Gewalt, und andererseits als selbstbewusste Geschäftsfrau, die der Sexarbeit nachgehe.
Jasmin bestätigte mir das differenzierte Bild dieser Ex-Hure und Philosophin. Das war nun doch ein erhellend-interessantes Erlebnis, ein kleiner positiver Seiteneffekt dieser üblen Geschichte.
Andererseits gebe ich offen zu: Auch als nackte Frau erweckte sie kein Begehren in mir. Vielleicht bin ich doch zu alt für der-

artige Zufälligkeiten ohne flirtiges Vorspiel wie bei Yvonne. Nikki hatte es zwar gut mit mir gemeint, aber eindeutig als in einem anderen Sinne Gedanken anregend. Theodora Becker meinte meiner Erinnerung nach, Begehren sei immer die Voraussetzung der Prostitution, wobei von der Professionellen eben gut gespielt.
Danach dachte ich noch ein bisschen über den nächsten Tag nach. Es kam mir nichts anderes in den Sinn, als nun die Frauen von Nikki aufzusuchen, um zu spüren, ob die eine oder anderen bei der üblen Geschichte mit von der Partie war. Denn auch jetzt versuchte ich noch einmal erfolglos, Nikki am Handy zu erreichen.
Von all diesen Frauen schien mir im Moment Hannelore Langen die interessanteste, die ihm zwar am meisten bezahlte, aber sich von ihm nicht einmal küssen liess. Sie könnte in keinem Fall als Bedürftige klassiert werden. Mit dieser Überlegung schlief ich wohl wieder ein.
Anderntags, als bereits die Sonne hell ins Zimmer schien, waren meine ersten Feststellungen: Jasmin war gegangen, und ich hatte bis viertel vor acht durchgeschlafen. Gut…
Nach einem reichlichen Frühstück unten im Restaurant rief ich die Nummer von Hannelore Langen an. Sie war natürlich etwas erstaunt, den Cousin von Nikki am Apparat zu haben. Danach gab es einen kurzen Smalltalk hin und her, und dann trug ich meine Bitte vor, ob ich sie bei sich zu Hause kurz sprechen könne. Sie bejahte das. Dann aber wurde das Gespräch unterbrochen, und weitere Anrufe bei ihr blieben erfolglos.
So fuhr ich denn nach Ascona, suchte auf dem Navi das Apartmenthaus unter der Adresse, die von ihr im Dossier stand und das sich gar nicht weit von der «Villa Bellavista» entfernt befand. Ich parkierte halb auf dem Trottoir, weil ich

ja nur von einer kurzen Visite ausging. Natürlich reizte es mich auch, kurz an der Villa vorbeizufahren, doch wenn die Polizei gestern am späten Abend bei der armen Yvonne Klein eingetroffen war, würden sicher noch Polizeiwagen vor der Tür stehen. Daher wohl besser nicht.

Nun ging ich durch den schmalen Vorgarten zu diesem dreistöckigen, recht grosszügigen weissen Apartmenthaus und sah, dass Hannelore Langen das Penthouse bewohnte. Nun, da die Tür – warum auch immer – offen war, ging ich hinein, direkt zum Lift und drückte den dritten Stock. Ich nahm mir vor, mich erst oben anzumelden, um sie zu überraschen, das heisst, vielleicht dadurch die Hemmschwelle zu einer Doch-Ablehnung etwas zu senken.

Tatsächlich öffnete diese Frau Langen die Tür, und wie bereits aus der Fiche von Nikki intuitiv angenommen, war sie eine blonde, schlanke Frau mit etwas strengen Gesichtszügen. Ein nordischer Typ. Die Haare waren zu einem Chignon zusammengefasst, und sie musterte mich mit einem eher abweisenden Blick. Sie trug einen langen Morgenmantel aus Seide mit einem japanischen Muster. Nun, für eine Rentnerin war ich ja eher etwas früh dran.

«Frau Langen, tut mir leid, ich habe Sie ja angerufen. Ich bin der ältere Cousin von Nikki, habe von Ihnen einiges gehört. Da ich Nikki selbst nicht mehr erreichen kann, dachte ich, Sie könnten mir vielleicht etwas über seinen gegenwärtigen Aufenthalt sagen.»

Sie zögerte. Doch dann antwortete sie:

«Sie heissen auch Heinmann?»

«Nein, mein Name ist Professor Dr. Matthias Steinmann, und er hat, wie Sie wohl wissen, in der Fremdenlegion einen neuen Namen angenommen, den er auch danach weiterführte.»

Ich konnte mir nicht vorstellen, dass er ihr seine neue Identität nach dem Überleben als «Drogentoter» mitgeteilt hatte.
«Gut, kommen Sie herein.»
Sie führte mich in einen grossen, hellen Wohnraum, ausschliesslich mit weissen, modernen Möbeln ausgestattet, und breiten Fenstern zum See hin, inklusive Balkon. Dafür hing farbige und klecksige moderne Kunst an den Wänden. Sie bot mir kein Getränk an.
«Gut, Sie wollen wissen, wo Nikki zurzeit ist. Ich kann es kurz machen: Ich weiss es nicht.»
«Nach den Ausführungen von Nikki hatte ich geglaubt, Sie seien seine beste Freundin hier im Tessin.»
Nun kräuselte sich ihre Stirn, und ich stellte zugleich fest: Sie musste sehr gute Kosmetikprodukte und entsprechende Behandlungen haben, denn dieses Gesicht war trotz ihres Alters recht faltenlos. Allerdings kann sich eine reiche Frau wie sie auch die entsprechenden Liftings leisten.
«Ja, das stimmt, aber eben doch nicht ganz», kam es etwas genervt zurück. «Aber das möchte ich Ihnen nun nicht erklären. Wesentlich ist, ich habe in den letzten vier Wochen nichts mehr von ihm gehört. Abgesehen von etwas, was mich ehrlicherweise aufgewühlt hat und meine langjährige Freundschaft zu ihm in Frage stellt.»
«Aha, tut mir leid, davon hat er mir nichts gesagt. Um was geht es denn da?»
«Tut mir ebenso leid, ich werde Ihnen das, auch wenn Sie sein älterer Cousin sind, nicht erzählen. Nikki hat mich einfach zutiefst enttäuscht.
Nur so viel: Ich habe bisher gedacht, mit Nikki hätte ich eine elegante, tiefe Freundschaftsbeziehung auf einer höheren Ebene, die zwischen Mann und Frau eben nicht die Regel

ist. Vielleicht für Sie verständlicher ausgedrückt: Sinnliches Begehren und Tun war unser beider Streben nicht. Ja, Herr Steinmann, das ist sehr selten und auch kostbar. Wenn man so etwas erlebt, muss man versuchen, es zu bewahren. Tja, so kann man sich täuschen.»
Sie wirkte nun etwas weniger streng, erinnerte mich aber trotzdem an einen Eisblock, der sich nur durch eine sehr lange Klimaerwärmung schmelzen lässt.
«Verehrte Frau Langen, ich durchblicke das alles nicht so ganz. Es geht mich auch nichts an. Aber wenn ich Sie richtig verstehe, können Sie mir nicht weiterhelfen. Dann werde ich mich nun dankend empfehlen, und ich hoffe, dass Sie trotz der Enttäuschung von Nikki auf Ihrer edlen Seinsebene glücklich bleiben.»
Sie antwortete:
«Ja, Herr Steinmann, das ist nicht einfach, aber es ist eben mein ganz besonderes Leben.»
Als ich in diesem Augenblick aufstand und ihr die Hand reichen wollte, öffnete sich eine Tür in dem Raum, wahrscheinlich zu ihrem Schlafzimmer, und ein stämmiger, grosser, farbiger, das heisst schwarzer Mann trat nun in einem roten Morgenmantel in die Weisse des Raumes. Er sagte klar und deutlich mit einem französischen Akzent:
«Wann kommst du endlich, ma chérie?»
Unter dem unten halb geöffneten Mantel sah man seinen langen Penis hängen.
Schöner Kontrast. Das schockierte mich nun doch etwas, nach den edlen Worten der edlen Hannelore.
Ich dachte «Hoppla!», drehte mich um und verliess die vergeistigt keusche Hannelore Langen, die laut keifte:
«Wie konntest du nur, Mike!»

13. Vodoo

Der treffende Ausdruck für meine aktuelle mentale Lage lautete: vor den Kopf geschlagen.
Da hatte ich doch gestern des Langen und Breiten von dieser keuschen Hannelore Langen gelesen, die sich nicht küssen liess und die diese elegante, edle Beziehung mit Nikki, sogar angereichert mit Gedichten, netto bereits 111'000 Franken gekostet hatte.
Die sich aber für ihr trotzdem brennendes erotisches Verlangen einen Schwarzen hielt, wahrscheinlich einen «Beach Boy» aus Afrika oder Südamerika.
Peter hatte mir damals, als er noch Chefredaktor des bekanntesten Schweizer Boulevardblattes war, erzählt, dass es einen eigentlichen Sextourismus für Frauen in die Karibik gebe. Da würden vierzig- bis siebzigjährige Single-Frauen hinfliegen, vor allem nach Jamaica, wo kräftige junge Männer am Strand auf sie warteten.
Für Geschenke verschiedenster Art seien diese Boys zu allem bereit. Man müsse aber wissen, dass dort – im Gegensatz zu den Prostitutionsreisen der Männer nach Thailand et cetera – keine fixen Tarife gelten würden. Das Entgelt bestehe darin, dass die Frau alle Kosten ihrer gemeinsamen Zeit übernehme, zuzüglich Geschenke aller Art. Und zwar auch «romantische Geschenke», denn die Vorspiegelung von Liebe und Leidenschaft sei bei diesen Frauen Voraussetzung für die anschlies-

senden Sexdienstleistungen. Das grösste Geschenk sei dabei, dass die Frauen ihrem Boy ein Ticket nach Europa bezahlten. Dieser erotische Einsatz sei in diesen Ländern keineswegs negativ behaftet. Im Gegenteil, denn eine Beziehung zu einer weissen Frau erhöhe diese Männer gesellschaftlich sogar, was wohl noch immer auf dem früheren kolonialen Zeitgeist beruhen könnte. So weit Peter in meiner Erinnerung.
Im Auto angekommen, stellte ich mir die Frage, welche der verbleibenden Gespielinnen nun als nächste an der Reihe war. Bevor ich die Antwort fand, kam mir noch ein Verdacht: Diese Hannelore war ja ziemlich enttäuscht und böse auf Nikki. Immerhin hätte sie mit diesem Schwarzen einen kräftigen und wahrscheinlich gut bezahlten Helfer, der für sie auch eine böse Tat begehen könnte. Doch nein, das war unmöglich, denn er müsste sich ja in unserer Welt relativ frei bewegen können, um diese Morde und Brandstiftungen durchzuführen, es sei denn, sie würden diese Taten gemeinsam begehen. Trotzdem, das schien mir nun doch etwas weit hergeholt. Daher zurück zur Frage: Welche der Frauen wäre jetzt am besten an der Reihe?
Von den Distanzen her würde eigentlich Bellinzona Sinn machen. Das wäre für mich auch eine Abwechslung, denn dort wohnte ja die Frau mit den so schönen Briefen, nämlich die Helga Bollwerk. Auch ihre Adresse hatte ich notiert, ebenso wie die Handynummer, wobei ich mich nun fragte, ob ich mich vor meinem Besuch erst anmelden sollte oder doch lieber nicht.
Ich entschied mich schliesslich für einen Anruf.
«Hier Bollwerk.»
«Guten Tag, Frau Bollwerk. Ich bin der ältere Cousin von Nikki. Er hat mir viel von Ihnen berichtet, deshalb rufe ich Sie an.»

«Das verstehe ich nicht ganz.»
Im Hintergrund hörte ich eine seltsame Musik mit einem ständigen, etwas aufdringlichen Trommeln, irgendwie afrikanisch. Das war nun doch sehr eigenartig.
«Frau Bollwerk, mein Problem ist folgendes: Ich bin hier im Tessin und wollte eigentlich Nikki erreichen. Aber es gelingt mir einfach nicht. Da er mir von Ihnen so viel Nettes erzählt hat, dachte ich, Sie würden vielleicht mehr wissen.»
Es wurde still am Telefon. Dann aber:
«Leider habe ich auch keine Ahnung und bin selbst etwas beunruhigt. Im Übrigen bin ich erstaunt, dass er einen Cousin hat, denn bisher sprach Nikki nie von seiner Verwandtschaft.»
«Das verstehe ich sehr wohl. Aber da ich gerade in der Nähe bin, könnte ich Sie ja kurz in Bellinzona besuchen.»
«Ah, Sie wissen also sogar, wo ich wohne? Ich bin zwar gerade beschäftigt. Aber gut, kommen Sie einfach vorbei. Ich freue mich, Sie kennenzulernen.»
Diese Helga schien ja nicht gerade kompliziert zu sein, und ich verabschiedete mich mit einem «Auf bald». Dann gab ich im Navi ihre Adresse ein, Via ai Ronchi in Bellinzona, und fuhr los.
Unabhängig von der Boshaftigkeit der ganzen Story begannen mich nun Nikkis Liebschaften zu interessieren. Ich hatte den Eindruck – aber dieser musste sich erst noch bestätigen – dass Nikki keinen bestimmten Frauentyp favorisierte, sondern schlicht und einfach nach dem Kriterium «reiche und deutsche Witwe» selektionierte.
Der nicht unfreundliche Tonfall dieser Helga und ihre sofortige Bereitschaft, mich zu sehen, unterschied sich wie Tag und Nacht von jener der sexbesessenen und zugleich vergeis-

tigten Keuschen, wenn es um weisse Männer ging. Allerdings waren bei beiden Rassen die Objekte der unterschiedlichen Bedürfnisse wesentlich jünger als sie selbst… und kosteten wohl in beiden Fällen einiges Geld.

Die Fahrt am Vormittag des ersten Werktags nach Ostern war ohne Besonderheiten, der Verkehr flüssig, aber in Bellinzona wurde es kompliziert, denn diese Via ai Ronchi rechts vom Bahnhof zu finden, hiess des Längeren herumzukurven, bis ich endlich die angegebene Nummer entdeckte. Mich erwartete ein dreistöckiges altes Haus, etwa Ende des 19. Jahrhunderts gebaut, ziemlich schlecht erhalten, in einem schmutzigen Rosaton, wobei die Mauern einige brüchige Stellen aufwiesen, die man dringend ausbessern müsste. Der Garten von aussen gesehen ein ziemlicher Wildwuchs von Pflanzen verschiedenster Art, ohne jede Pflege, nur der gekieste Zugang zum Haupteingang war problemlos begehbar. Wenn dieser Helga Bollwerk das Haus tatsächlich gehörte, schien sie überhaupt kein Interesse zu haben, es in Ordnung zu halten. Es musste ihr völlig schnuppe sein, wenn ihr Heim im Tessin langsam, aber sicher zerfiel. Das wies tatsächlich darauf hin, dass ihre Interessen ganz anderer Art sein mussten. Arm war sie ja sicher nicht, denn immerhin hatte Nikki in den letzten zwei Jahren 87'000 Franken von ihr erhalten, wobei er aus irgendeinem Grund Sorge hatte, dass er ihr diese nicht zurückzahlen könnte. Nun, das würden wir ja jetzt bald erfahren.

Bei der Eichentür mit rostigen Beschlägen musste ich an einer Glocke ziehen, denn offenbar war eine elektrische Klingel noch nicht installiert worden.

Nun ging es eine Weile, dann hörte ich, wie die trommelnde Musik wieder lauter wurde, und Sekunden später öffnete sich die Tür.

Man kann nicht sagen, ich sei erschrocken gewesen, enorm verwundert war ich aber doch, als ich sah, wer da vor mir stand. Klar, es war eine Frau, aber beinahe so verkleidet, als ob sie zu irgendeinem fernen indigenen Stamm gehören würde. Sie trug ein weisses, wallendes Kleid, einer Glocke ähnlich, das vom Hals bis an den Boden reichte. Ihr Haupt zierte ein weisser Turban, der so gewickelt war, dass er sich vorn in einem grossen Knoten verknüpfte.
Ich sah nur das Gesicht der etwa ein Meter sechzig grossen Frau, und dieses Gesicht war nicht als Identität erkennbar, denn es war mit weisser Farbe zu einer bleichen Maske geschminkt.
Bevor ich irgendetwas sagen konnte, lachte sie mich an und fragte:
«Sind Sie der Cousin von meinem Nikki, Herr Steinmann? Sie haben ja nicht den gleichen Namen. Sind Sie wirklich blutsverwandt?»
«Ja, das bin ich. Unsere Väter waren Brüder, und wir haben denselben Grossvater und dieselbe Grossmutter. Aber er hat seinen Namen in der Fremdenlegion geändert und ihn später beibehalten. Aber das wissen Sie ja bestimmt.»
«Nein, das höre ich zum ersten Mal. Aber das ist sehr gut, sehr gut. Das ist ein glücklicher Zufall, der mir nämlich hilft und, ich sage es ungern, auch meinem lieben Nikki.»
Mein Grad der Verwunderung stieg immer höher und ebenso die Verwirrung.
«Das verstehe ich nun nicht, verehrte Frau Bollwerk.»
«Sie werden es gleich sehen. Im Übrigen habe ich sogar den Eindruck, dass es Ihnen auch hilft. Doch kommen Sie mit.»
Die seltsame Musik mit dem stetigen Trommeln war im Entrée immer präsent, aber doch nicht so laut, dass es unsere

Konversation erschwert hätte. Nun ging Helga Bollwerk in Richtung dieser Musik, öffnete eine Tür – und nun wurde meine Verwunderung oder mein Erstaunen noch gesteigert.
Ein erster Eindruck: Ich bin in irgendeinem afrikanischen Tempel gelandet.
Der Raum war etwa sechs auf sechs Meter gross, abgedunkelt mit schwarzen Vorhängen, links eine Art Altar mit vielen Kerzen, die den Raum etwas erhellten, rechts eine schmale Bank und sonst nur wenig.
Meine Aufmerksamkeit galt natürlich diesem Altar, da ich so etwas noch nie gesehen hatte.
Auf beiden Seiten hingen afrikanische Schilde, oval, aus Tierhaut, wahrscheinlich von Tigern oder von Leoparden, und dahinter ragten je drei Speere heraus. Rund um die kleinen und grossen Kerzen auf den verschiedenen Stufen des Altars lagen allerlei Dinge. Etwa ein mit Schmuck verzierter Totenkopf, zwei, drei Bücher, ein Kreuz, weitere sonderbare Gegenstände, die ich allerdings von der Tür aus nicht einordnen konnte.
Vorn auf der ersten Etage sassen vier kleine Puppen, die ziemlich handgefertigt aussahen, mit breiten Mündern und zwei aufgemalten grossen, schwarzen Augen.
Mir wurde jetzt klar: Diese Helga Bollwerk pflegte die Rituale des Voodoo. Hier wurde ich zum ersten Mal mit dieser seltsamen Religion konfrontiert, und dann auch noch im Tessin. Eine Religion, die meines Wissens in Westafrika ihren Ursprung hatte und sich dann durch die Sklaverei weiterverbreitete. Sie beinhaltete dadurch auch katholische Elemente. Voodoo ist ein Gott, der grosse Geist, dessen Töchter und Söhne wie eine Art heilige Mittler zwischen ihm und den Menschen wirken. Aber Genaueres wusste ich nicht,

und vielleicht war ja auch das falsch, woran ich mich zu erinnern glaubte.
Aber viele Rituale sind von aussen betrachtet seltsam, und wir begegnen ihnen ja überall. Die Katholiken trinken das Blut Jesu und essen auch seinen Leib, was ziemlich kannibalisch anmutet. Oder dann gibt es Bräuche, die mehr traditionell regional oder örtlich gepflegt werden, die man aber auch nicht hinterfragt. Da reiten seltsam gekleidete Menschen in Zürich wie wild auf einem grossen Platz um ein grosses Feuer, auf dem ein Schneemann steht, der plötzlich explodiert. Daraus ersehen dann die Zürcher, wie das Wetter in diesem Jahr werde. So gesehen gibt es überall Bräuche und Traditionen, mehr oder weniger religiöse, die man eigentlich von aussen auch als eine Art Voodoo betrachten könnte.
Mehr als fünf Sekunden gab mir diese Bollwerk-Zauberin jedoch nicht, um nachzudenken, sondern sie wies auf die Bank, sagte lakonisch, aber doch laut genug, um die Trommelmusik zu übertönen:
«Nehmen Sie Platz, Herr Steinmann, und warten Sie.»
Nun ging die weisse Glocke zum Altar, steckte einige Räucherstäbchen ein, brannte sie an und trat dann zurück. Dann drehte sie die Musik, deren Verstärker für mich nicht sichtbar waren, noch mehr hoch, sodass es beinahe unerträglich laut wurde. Darauf verharrte sie ganz still, gerade so, als ob sie die Musik in sich aufnehmen wollte, sodass diese auch noch die letzte Faser ihres Leibes durchdringen könnte.
Das schien ihr gelungen zu sein.
Denn plötzlich warf sie die Arme in die Höhe, drehte sich um sich selbst und begann wie wild im Kreis zu tanzen, wobei sie die Hände herumschleuderte und wilde Sprünge machte. Hin und wieder verneigte sie sich beinahe bis auf den Boden,

schrie dann gellend auf, um sogleich wieder in die Luft zu springen.

Natürlich konnte man mit etwas gutem Willen erkennen, dass diese wilde Herumtanzerei im Rhythmus der Trommeln erfolgte. Aber oft nur mit sehr viel gutem Willen.

Ich wusste nicht, wie lange das so dauerte. Jedenfalls war es für mich kaum erträglich, vor allem wegen der Musik. Wurde mir der Anblick des wilden Derwischs zu viel, schloss ich einfach die Augen.

Auch hielt ich mir schon lange beide Ohren zu, denn diese laute Musik konnte ich mir mit meinem Tinnitus nicht leisten. Ich musste da vorsichtig bleiben, denn nach wie vor wollte ich meine Pilotenlizenz (CPL) erneuern, und das bedurfte eines Audiogramms. Diese gellende Musik konnte tatsächlich meinen Tinnitus noch verstärken.

Ich erwähne das hier, weil es bald meine Hauptsorge während dieses ekstatischen Trance-Tanzes war.

Dann aber hielt Helga plötzlich inne, wie zur Salzsäule erstarrt, blieb mehr als eine Minute lang so stehen. Dann kniete sie nieder, und anschliessend wechselte die Musik: Sie verwandelte sich nun in eine seltsam tragende Art mit nur wenigen Tonhöhen und ohne Rhythmus. Für mich nicht zu beschreiben.

Als Nächstes zog diese Helga Bollwerk in Weiss ein Nadelkissen hervor und begann, die vier Puppen in den Bauch zu stechen, und zwar sowohl in den Magen als auch in die Gegend von Lunge und Herz. Immer eine nach der andern.

Zum Schluss steckten in allen vier Puppen je fünf oder sechs Nadeln. Dieses Nadelstechen von Puppen war mir aus Filmen bekannt, wo im Zusammenhang mit Voodoo vor allem dieses Ritual gezeigt wird. Mit diesem Stechen würde man dann seinem Gegner schaden. Soviel ich wusste, ist das keineswegs Zentrum der Voodoo-Religion, sondern Zeichen der Machtlosigkeit der Sklaven, die mit diesem Nadelstechen ihren Herren schaden wollten.

Aber ich glaubte nicht, dass diese Bollwerk damit irgendeinem Herrn schaden wollte. Die Frage war jedoch, wer mit diesen Puppen gemeint war. Ich wollte sie nach Abschluss dieses Rituals danach fragen, weil ich vermutete, dass es einen Zusammenhang mit Nikki haben musste, denn sie hatte ja am Anfang von ihm gesprochen. Ebenso plötzlich, wie sie mit dem wilden Tanzen begonnen hatte, stoppte sie die Puppenstecherei, knipste irgendwo das Licht an, kam zu mir und setzte sich neben mich. Ziemlich ausser Atem.

Es lag nicht an mir, das Gespräch zu eröffnen, und ich hätte auch nicht gewusst, wie, denn alles war so seltsam, so fremd für mich. Da war es besser, einfach zu schweigen und zu warten, was da käme.

«Ja, Herr Steinmann», begann sie, immer noch etwas kurzatmig, «Sie haben ja gesehen, welche Religion ich pflege. Und das seit langer Zeit. Mindestens einmal, eher zweimal am Tag, wende ich dieses wichtige Ritual an, um mit dem Geist Voodoo im Reinen zu bleiben. Auch Sie haben die Puppen gesehen, und das ist ja bekannt. Aber absolut nicht die Regel. Das betraf nur die besondere gegenwärtige Situation.

Im Übrigen: Ich weiss, es kommt Ihnen fremd vor. Auch mein Mann hatte keine Freude daran und hat mich deshalb verlassen. Nur dass die Firmengruppe mir gehört, sie ist in guten Händen. Er musste daher seinen Weg wieder selbst finden.»

Nun war ich an der Reihe.

Dazu muss man wissen, dass mein Verhältnis zur Religion eher ein rationales, offenes ist. Ich glaube, seit es denkende

Menschen auf dieser Erde gibt, waren sie mit zwei grossen existenziellen Fragen konfrontiert, sobald Essen, Trinken und ein Dach über dem Kopf gesichert waren. Nämlich die Sterblichkeit und die Unerklärlichkeit des Seins. Ersteres war ja bereits in jungen Lebensjahren öfter ein Thema und das zweite, sobald man etwas über die Nasenspitze hinaus denken konnte. Diese Lücke im menschlichen Dasein füllten dann meist die Religionen verschiedenster Art mit ihren Glaubenslehren, verbunden mit den ethischen Grundsätzen und Handlungsweisungen, die eine Gesellschaft funktionieren und diesen Glauben zentral bleiben lassen.

Dies war und ist für mich letztlich die Erklärung aller Glaubensrichtungen (aber auch Ideologien) auf dieser Welt. Dabei war damit in der Gesellschaft in der Regel die Machtfrage stark verbunden, aber in der westlichen Welt vorwiegend seit der Aufklärung nicht mehr. Die Wissenschaften haben heute vieles geklärt, was auch die Bedeutung der Religionen etwas schmälert.

Dies meine Haltung zur Religion, sehr vereinfacht ausgedrückt.

«Liebe Frau Bollwerk, ich achte jede religiöse Richtung, das heisst jeden Glauben, sofern er nicht mit Gewalt gegen innen oder gegen aussen durchgesetzt wird. Das Böse gilt nicht. Insofern sind mir friedliche Religionen lieber, wie der Buddhismus zum Beispiel. Aber das ist eigentlich auch keine Religion. Von Voodoo verstehe ich nichts, doch sofern diese Puppen nicht effektiv wirken, was ich nicht glaube, sehe ich darin kein Problem. Und wen stellen diese Puppen nun dar?»

«Ich gebe zu, Herr Steinmann, es sind Menschen gemeint, die es verdienen würden, dass sie Schmerzen leiden. Den

Tod wünsche ich ihnen aber nicht. Das wird beim richtigen Voodoo auch geächtet. Die drei oder vier sollten meinen Nikki in Ruhe lassen. Er ist einfach zu schwach und lässt sich zu sehr beeinflussen. Ich allein kann ihm Stütze und Hilfe im Leben sein, weil die Kraft meiner Liebe und des Geistes meines Voodoo ihn hält.»
«Das, meine liebe Frau Bollwerk, müssen Sie mir jetzt erklären. Wer sind diese Menschen, die ihn so schlecht beeinflussen oder gar gefährden?»
«Das kann und will ich Ihnen nicht sagen. Es sind einige Menschen, die Sie ohnehin nicht kennen.»
«Einige? Ich sehe genau vier Puppen», so meine berechtigte Frage.
«Richtig. Um etwas genauer zu sein: Es sind zwei oder drei Frauen und sicher auch ein Mann, wenn nicht sogar zwei. Allerdings gebe ich zu, ich weiss es nicht so genau. Es könnten mehr oder weniger sein. Nur schaden sie Nikki und vor allem uns beiden ausserordentlich.»
Für mich wurde das nun immer sonderbarer. Doch konnte es mir vielleicht bei meinen Nachforschungen nach den Personen helfen, die hinter der bösen Geschichte lauerten. Daher meine Frage:
«Sie sagten zu Beginn, meine Präsenz könnte Ihnen helfen, aber auch Nikki und sogar mir selbst. Wie haben Sie das gemeint?»
Die Glocke neben mir lehnte sich ein bisschen zurück, hüstelte und wollte gerade zu einer Antwort ansetzen.
In diesem Moment öffnete sich die Tür.
Und wer trat überraschend ein?
Nikki, genauso angezogen wie bei mir im Schlössli. Aber diesmal mit einem noch ernsteren Gesicht.

Die weisse Bollwerk sprang auf, rannte zu ihm, warf sich an seinen Körper, umklammerte ihn und schrie laut:
«Nikki, mein allerliebster Nikki, endlich, endlich bist du da, wieder bei mir!!!»

14. Wie weiter?

Mit grossen Augen sah ich zu, wie die weisse Helga Nikki umklammerte und abküsste, dies in einer Art, als ob es um die lang ersehnte Rückkehr eines verlorenen Sohnes ginge.

Das Bild entbehrte nicht einer gewissen Komik, weil Nikki beinahe eingeschüchtert stehen blieb, Helga nicht mal ansah, sondern über ihre Schulter hinwegblickte und, wie mir schien, dabei die Augenbrauen hochzog. Gerade so, dass man den ganzen Vorgang als körperliche Belästigung – oder nach modernen Begriffen als sexuelle Belästigung – hätte interpretieren können. Hätte ich davon ein Bild geschossen und es irgendwelchen Bekannten oder Freundinnen gezeigt, dann dürfte es erhebliche Verwunderung, ja Irritation hervorgerufen haben. Genau dies entsprach meinem Gefühl, als ich Zeuge der Szene wurde und dabei nicht von ihr, sondern nur noch von ihm beachtet wurde.

Dann fing Helga an, schnell mit ihm zu sprechen, was ich aus der Erinnerung nicht wiedergeben kann, sondern nur in Stichworten wie:

«Endlich bist du wieder da» – «Mein Liebster, mein Liebster, wie habe ich dich vermisst» – «Ich brauche dich, und wir gehören doch zusammen» – «Wir sind ja ein Uns» – «Habe für dich gebetet» – «Auch für Uns» – «Wir sind füreinander bestimmt» ... und so weiter.

Nikkis Reaktion: Er nickte, sagte «Jaja» und wirkte wie erwähnt eher unbeholfen, ja man konnte es nicht anders sagen: erheblich belästigt. Dann fiel auch der Satz:
«Liebster, brauchst du Geld? Kein Problem, ich gebe dir, was du brauchst, und zwar sofort. Ich habe ja Bares im Haus.»
Nun begriff ich, um was es hier ging. Nikki hatte Sorgen wegen des Geldes, wie er schrieb, doch auf andere Art: Zwar schon wegen der fehlenden Rückzahlungen, aber wahrscheinlich eher, weil er sich damit seine Freiheit von diesem weissen Klammeraffen erkaufen wollte. Denn hier ging die Absicht, eine vermögende, ja ziemlich skurrile Witwe aus deutschen Landen auszunutzen, auch ihm viel zu weit.
Interessant schien für mich auch der Gegensatz: Dort die keusche Hannelore Langen, die ihn auf Distanz hielt, und hier, extrem konträr, diese Helga Bollwerk, die förmlich in ihn hineinschlüpfte. Nicht zum Aushalten, und ich hatte nun sogar ein wenig Mitleid mit Nikki. Diese Heiratsschwindelei birgt doch offensichtlich einiges an Unvorhergesehenem, und zwar in extremis, und ich verstand, dass er es nicht gerade leicht hatte in diesem Job.
Umgekehrt – und diese Gedanken begleiteten noch immer diese Abküsserei – barg das auch ein Motiv, möglichst bald an viel Geld zu kommen, um hier die Schulden vollständig zu begleichen.
Damit war zumindest nicht ausgeschlossen, dass Nikki nicht nur den zweiten Mord, den an der echten Yvonne Klein, inszeniert hatte, sondern auch die Erpressung, obwohl das in Bezug auf den Zeitablauf nicht gerade logisch schien. Mit anderen Worten: Das Rätselhafte dieser ganzen Geschichte blieb nach wie vor ungeklärt.

Klar, nun musste ich das ziemlich unwürdige Schauspiel beenden und Nikki bitten, mit mir alleine zu sprechen.

«Hallo, hallo, ich bin auch noch da, und ich möchte mit meinem Cousin, den ich schon so lange nicht mehr gesehen habe, in Ruhe über verwandtschaftliche Probleme sprechen. Ist das möglich, Frau Bollwerk?»

Da wandte sich die weisse Maske zu mir um – ich hatte den Eindruck, mit einem bösen Blick – und sagte kurz angebunden:

«Okay, aber nicht so lange, dann will ich den Nikki wieder für mich haben. Auf Wiedersehen, Herr Steinmann.»

Ich hatte das Gefühl, dass Nikki nach meiner Intervention erleichtert wirkte, er löste sich von der anhänglichen weissen Glocke, schritt voran in den Korridor und ich hinterher. Ich fand es nicht nötig, mich von dieser Bollwerk zu verabschieden. Dazu wirkte sie viel zu abweisend. Auch hatte ich nun restlos genug von dieser ganzen Voodoo-Atmosphäre. Viel länger hätte ich das nicht ertragen. Es gibt Grenzen, wobei ich ehrlicherweise auch zugeben muss, dass ich es in katholischen Kirchen bei ihren Zeremonien auch nicht lange aushalte und in meiner ersten Ehe oft darunter gelitten hatte.

Meine Mika war ziemlich fromm, und es gehörte zur Tradition, dass man am Sonntag zur Messe ging, danach aufs Grab ihres ersten Mannes, um auch dort zu beten – immer zusammen mit dem ganzen Anhang der Kinder und so weiter – und danach in die grosse Industriellenvilla zurückkehrte, wo bereits der Dekan, welcher die Messe gehalten hatte, auf uns wartete. Dort gab es ein opulentes Mittagessen mit gutem Wein, an dem sich dieser Vertreter der Religion gütlich tat. Tja, das sind so Erinnerungen, die einem in solchen Situationen wieder einfallen, denn immerhin war das mehr als vierzig Jahre her.

Draussen vor der Tür, auf dem Kiesweg, sagte ich mit aufgestauter Empörung zu Nikki:
«Hallo Nikki, seit Bern nicht mehr gesehen, du verdammter Mörder und Erpresser! Jetzt raus mit der Sprache: Erkläre mir, warum du diese Yvonne Klein, die in Wahrheit ja Marianne Schuster heisst, umgebracht hast und warum du auch an dieser Erpressung beteiligt bist. Und dann gibt es da noch einiges mehr, was du mir erklären musst, vor allem: Hast du die Leiche dieser Schuster wie abgemacht auf der Brücke bei der Aare entsorgt? Ist das jemandem aufgefallen?»
Nun schaute er mich ziemlich beeindruckt, aber nicht verunsichert an, nickte und meinte vorerst:
«Diese Frau da, diese Helga, ist schlicht unerträglich. Wie kommst du überhaupt hierher? Ich muss sie unbedingt loswerden, und dazu benötige ich das Geld, das ich noch nicht habe.»
«Und du, Nikki, du geübter Legionskiller, kannst sie ja auch umbringen.»
Seine Antwort, irgendwie skurril angesichts seiner Ruhe, da er wahrscheinlich nicht nur das Töten, sondern auch die Gespräche danach gewohnt war, lautete:
«Lass diese Sprüche, This. Zuerst zu deiner Frage betreffend Entsorgung der Leiche. Ja, alles ging gut, ich wurde nicht beobachtet, und ich glaube, die Sache ist erledigt. Noch ist es mir ein Rätsel, wer die Frau umgebracht hat.»
«Jetzt mach mal halblang, du verdammter Mörder. Das warst doch du!»
«Nein, nein, ziemlich unverschämt, dieser Gedanke. Ich habe es dir ja bereits geschildert.»
Da unterbrach ich ihn:
«Und die verdammte Erpressung von drei Millionen? Den Brief mitsamt der verführerischen Jasmin hast du mir ja ge-

schickt, und ich sollte dir auch die Bereitschaft zum Bezahlen melden. Du bist also einer der Erpresser und daher wahrscheinlich auch der Mörder. Und das Rendezvous in deinem Haus, das dann brannte, was sollte das alles? Du bist mir nun wirklich eine Erklärung schuldig. Du weisst nämlich viel mehr, als du vorgibst. Also heraus mit der Sprache! Erkläre dich jetzt. Andernfalls gehe ich zur Polizei, zeige dich an, und alles wird aufgerollt.»

Jetzt lächelte er mich irgendwie seltsam an, wahrscheinlich wissend, dass ich einen solchen Schritt nicht wagen würde, weil ich schon zu sehr involviert war.

In dem Moment, als ich das sagte, klingelte Nikkis Handy mit der Melodie eines Strauss-Walzers. Und da schrie ihn eine Frau so laut und deutlich an, dass ich sofort wusste, wer die Anruferin war: Hannelore Langen.

Dann aber entfernte sich Nikki einige Schritte, damit ich das Gespräch nicht mithören konnte. Das wenige, was er sagte, verstand ich allerdings problemlos – und das lautete in fragender Form: «Sofort?»

Dann blickte er mich wieder mit diesem seltsamen Lächeln an – ich hatte irgendwie den Eindruck, mit erleichterter Miene, gerade so, als ob ihm soeben ein grosser Stein vom Herzen gefallen wäre. Aber dann hörte ich ihn wiederum mit Besorgnis in der Stimme sagen:

«Ja gut, meine Liebe, ich komme gleich zu dir.»

Nun wurde die Sache immer interessanter, und es war ja klar, dass ich mehr wissen wollte. Ich sagte:

«Das war wohl die Hannelore Langen, nicht wahr, Nikki?»

Ich hatte das Gefühl, dass er nicht so recht wusste, wie er antworten sollte, denn er zögerte, schürzte seine Lippen, schaute mich mit leicht zugekniffenen Augen an und sagte relativ forsch:

«Du warst ja bei ihr. Wie hier auch. Trotz deiner Anschuldigungen bist du mir ebenfalls noch einige Erklärungen schuldig, mein lieber älterer Cousin. Aber nicht jetzt, sondern später. Ich schlage vor, du rufst mich in einer Stunde an. Wir vereinbaren ein Treffen und klären dann alles. Okay?»
Was blieb mir da anderes übrig, als «Okay» zu sagen, denn indem er mich das fragte, drehte er sich um, eilte schnellen Schrittes hinunter zum Gartentor und verschwand.
Ja was nun?
Selbstverständlich wollte ich nicht zu dieser Helga Bollwerk zurück. Nun kam mir aber plötzlich in den Sinn, dass es da noch zwei wesentliche Punkte gab, die ich sofort erledigen musste.
Zum einen galt es nun doch, meine liebe Arom anzurufen, denn zwischenzeitlich war bei ihr die Ausruhphase nach dem langen Flug sicher vorbei. Mich beschäftigte nach wie vor, was ich ihr sagen sollte. Zum Beispiel, dass ich im Tessin war? Und warum? Ich wusste es in diesem Moment noch nicht, denn der zweite Punkt war der wichtigere:
Mein GLA wurde verseucht, verwanzt, und ich musste zuerst diesen Transponder suchen, denn jede meiner Fahrten wurde von irgendjemandem registriert. Daher war ich stets unter Beobachtung der Erpresser. Wenn es mir also nicht gelang, diesen Transponder zu finden, dann musste ich meinen Wagen stehen lassen und mich auf andere Art weiterbewegen. Dabei ahnte ich bereits, dass die Gangster diesen Transponder wohl so raffiniert angebracht hatten, dass ich ihn nicht ohne einigen Aufwand finden würde.
Bei meinem Wagen angekommen, suchte ich sowohl hinten wie vorn unter der Karosserie nach einem elektronischen Gerät. Wie erwartet ohne Erfolg.

Wieder stellte sich die Frage: Was nun?
Als Nächstliegendes würde sich der Bahnhof Bellinzona aufdrängen, wo Taxis warten. Dort würde ich den GLA stehen lassen. Auch da wurde plötzlich in mir eine aussergewöhnliche Erinnerung wach:
Beim Abverdienen als Hauptmann hatte ich mit meinen hundertzwanzig Rekruten eine damals noch nicht übliche Überlebensübung organisiert. Sie mussten sich vom Delta des Lago Maggiore nach Biasca durchschlagen. Pro Gruppe hatten sie fünf Franken. Ausserdem wurden ihnen Spaghetti zugeteilt und pro Person ein Ei, roh natürlich. Unterwegs mussten die Rekruten immer irgendwelche Aufgaben lösen, und wenn es ihnen gelang, erhielten sie erneut rohen Proviant zum Abkochen. Nun gab es da eine Erschwernis: Die Unteroffiziere machten nämlich Jagd auf die Rekruten, und zwar waren diese wie die Rekruten mit blinder Munition ausgestattet. Sobald sie aufeinandertrafen, wurde geschossen, und gleichzeitig mussten sie die Namen der Angeschossenen laut rufen, und zwar beidseitig. Gelang es den Rekruten, zu schiessen und die Unteroffiziere zu benennen, wurden sie fünf Kilometer nach vorn transportiert. Gelang es andererseits den Unteroffizieren, die Rekruten anzuschiessen und gleichzeitig deren Namen zu rufen, durften sie am Samstag eine Stunde früher in den Urlaub. Das führte zu ziemlich wilden Kampfszenen, weil immer versucht wurde, wenn die beiden Gruppen aufeinandertrafen, zu schiessen, ohne dass die Gegner die Köpfe sahen.
Nun kam Bellinzona ins Spiel. Mitten im Abendverkehr beim Bahnhof Bellinzona fand so ein Gefecht zwischen einigen Rekruten und Unteroffizieren statt. Das sah für Dritte, das heisst für alle, die am Bahnhof gerade ein- und ausstiegen,

wie ein ernsthafter Kampf aus. Diese Knallerei führte dann sofort zu einem Polizeieinsatz und zu einer Meldung an das Schulkommando. Die Folgen waren wohl unvermeidlich: Ich wurde sofort zitiert, sollte die Übung abbrechen, was eben schlicht unmöglich war, weil ich ja nicht wusste, wo sich sowohl die Unteroffiziere als auch die Rekruten gerade befanden. Beide Gruppen waren ja meist getarnt, lagen in Deckung. Meine Antwort auf die Frage des Schulkommandanten:
«Wo ist denn Ihre Batterie?»
«Irgendwo im Tessin.»
Dieses Bellinzona-Gefecht wäre eigentlich ein Grund gewesen, mich nach Hause zu schicken. Doch meine Beziehungen – und die meiner Mutter – zum Generalstabschef verhinderten das. Ich wurde ganz stark angemahnt, durfte aber bleiben.
Das letzte Mal war ich mit Arom zu Fuss durch Bellinzona gewandert, als wir von Basel nach Lugano pilgerten. Das war ein anderes, ebenso starkes Erlebnis, aber hier davon nichts mehr. Dagegen wusste ich nun, was meine nächste Aufgabe war. Bevor ich losfuhr, rief ich Arom in Thailand an, sprach ganz herzlich mit ihr, verzichtete aber vollständig auf irgendeine Erklärung, wo ich mich befand und warum, sondern mimte normales Routineleben zu Hause oder im Büro bei meiner fleissigen und lieben Assistentin Danila Rikas.
Ich wusste, dass ich mich absolut nicht korrekt verhielt, aber alles andere hätte ein langes Telefonat bedeutet und bei Arom verständliche Sorgen ausgelöst, begleitet von gut gemeinten Ratschlägen wie «Geh sofort zur Polizei», «Ich fliege gleich zurück» und so weiter. Das ging einfach in diesem Moment nicht. Ich musste meine gegenwärtige Spur weiterverfolgen, denn alles andere wäre bei diesen offensichtlich zu allem entschlossenen Bösewichten sehr gefährlich geworden.

Auch konnte ich nicht anders: Ich musste den Erpressungsvorgang zumindest vorbereiten, wenn es mir nicht gelingen sollte, das Problem vor dem Überweisungszeitpunkt zu lösen. Also galt es nun, drei Berater in meinen drei Banken anzurufen, was mit Sicherheit unterschiedliche Probleme bedeuten würde. Ausserdem eilte es, denn es war ja bereits viertel nach elf, und wie ich diese Banker kannte, liessen sie den Griffel pünktlich um zwölf Uhr fallen, denn das Geld arbeitete ja für sie weiter.

Als Erstes rief ich die Von Graffenried AG an, meine Treuhand und Privatbank, und sprach mit dem zuständigen Berater. Wie zu erwarten, bezweifelte er in hohem Masse, dass eine Anlage in Bitcoin sinnvoll wäre, denn das Risiko sei viel zu gross. Sie würden ihren Kunden grundsätzlich nie hierzu raten. Aber das letzte Wort hätte selbstverständlich ich – und ich zwang sie, eine Million bereitzustellen, was da aber hiess, einige Anlagen sofort aufzulösen. Am Mittwochabend würde ich ihnen die Krypto-Bank angeben, wohin das Geld zu überweisen wäre.

Als Nächstes rief ich meinen Berater in der CS an. Seine Antwort:

«No problem, aber Ihre Liquidität ist dann sehr reduziert.»

Für die CS war ich ein kleiner Fisch, und sie gingen ohne alle Bedenken mit Risiken und vor allem mit modernen Anlagen um, was bei mir wiederum einige Bedenken auslöste.

Ein Unterschied wie Tag und Nacht war dagegen mein Gespräch mit meinem Berater bei der Berner Kantonalbank BEKB. Wie zu erwarten, erwies er sich als biederer bernischer Bedenkenträger. Dieses Gespräch dauerte am längsten. Vor allem wies er mich darauf hin, dass ich meine Liquidität in Call-Geld hätte und man das nicht so schnell auflösen könne.

Das Private reiche dazu nicht aus. Die Lösung lag darin, dass ich meine Firmenkonten um diesen Betrag als Darlehen belastete. Dann ging es wiederum darum, dass sie das schriftlich haben müssten. Wir einigten uns schliesslich darauf, dass ich das, wenn ich zurück sei, sofort nachreichen würde.
Endlich, um viertel vor zwölf, war das Problem gelöst, und ich musste den drei Banken nur noch das Krypto-Konto angeben. Ich hoffte, das am folgenden Tag tun zu können.
Dann fuhr ich los. Wiederum erwies es sich als recht schwierig, durch diese kleinen Strässchen über die Eisenbahnbrücke zum Hauptbahnhof Bellinzona zurückzufahren. Zwischenzeitlich wusste ich auch, wohin ich, nachdem ich einen guten Parkplatz gefunden hätte, mit dem Taxi fahren würde. Ganz logischerweise zurück ins Restaurant «Gordolese», wo ich endlich auch etwas essen konnte. Das war nämlich das Wichtigste, denn mein Magen knurrte schon erheblich. Mir lief das Wasser im Mund zusammen, wenn ich an die Tessiner Spezialität *Uccelli scappati e polenta* dachte, die Tessiner Variante von Fleischvögeln, die ich gestern auf der Menukarte gesehen hatte. Diese *Uccelli* hatte meine Mutter oft mit Polenta zubereitet. Das würde für mich einen kleinen Lichtblick in dieser verworrenen, rätselhaften Geschichte während meines ungewollten Tessiner Aufenthaltes bedeuten.
Was nun?
Ich hatte natürlich vergessen, Nikki anzurufen. Hätte ich längst tun sollen. Angewählt – und wie bereits so oft nur der Anrufbeantworter, obwohl wir eigentlich diesen Gesprächstermin bereits ausgemacht hatten.
Dann fand ich einen Parkplatz und entnahm dem GLA meine Wanderstöcke, die ich immer mit mir führe. Ein freies Taxi war bald gefunden. Ich erklärte dem Fahrer, wohin ich gefah-

ren werden wollte. Auf seinem Gesicht leuchtete eine gewisse Befriedigung, weil er eine so lange Fahrt vor sich hatte. Nach etwa zehn Minuten versuchte ich noch einmal, Nikki anzurufen. Wiederum nur der Anrufbeantworter.
Logischerweise müsste er ja jetzt bei Hannelore Langen sein, ich hatte ja ihre Handynummer. Nicht gerade mit einem guten Gefühl nach dem unerfreulichen Ende meines Besuchs dort und überhaupt ihrem Ton im Gespräch wählte ich die Nummer an.
Nach einiger Zeit – ich dachte, sie melde sie nicht mehr und sei mitten in einem Sexspiel mit ihrem Beach Boy – meldete sie sich mit einer eher arroganten Stimme:
«Hier Langen.»
«Hier Matthias Steinmann. Ich habe Sie ja heute Morgen besucht. Ich hätte eine Frage.»
«Was für eine Frage?»
«Ich möchte gern Nikki sprechen, der doch jetzt bei Ihnen sein sollte.»
Dann wurde es am Handy still, und ich merkte sofort, sie tat sich mit der Antwort schwer. Wahrscheinlich unterbrach ich gerade ein schwieriges Gespräch mit Nikki, und das mit dem Sex war ein falscher Gedanke, denn mein Cousin müsste ja jetzt dort sein. Dann meldete sie sich wieder:
«Herr Steinmann, was haben Sie mit Nikki gemacht?»
Etwas verblüfft antwortete ich:
«Wie meinen Sie das?»
«Er ist bisher nicht hier eingetroffen und er antwortet nicht auf meine Anrufe.»

15. Auf mehreren Ebenen

Noch während meiner Fahrt im Taxi – mit einem schnauzbärtigen und recht feisten Chauffeur am Steuer, der eine französische Baskenmütze und ein kariertes Hemd trug – wollte ich eigentlich meine nächsten Schritte überlegen. Aber oberste Priorität hatte jetzt erst mal das Mittagessen im «Gordolese». Als Nächstes musste ich mich wieder um meine Mobilität kümmern, denn ohne eigenes Fahrzeug war ich einfach nicht handlungsfähig. Ich musste mich deshalb erkundigen, wo ich ein Auto mieten könnte, wenn möglich in Gordola. Dann galt es, die nächste zu besuchende Dame zu bestimmen. In jedem Fall musste ich, auch weil Nikki meine Anrufe ja nicht entgegennahm, meinen Aufklärungspfad spürhündisch weiterverfolgen. Ich hatte den berechtigten Eindruck, dass Nikki die direkte Konfrontation mit mir tunlichst vermied. Aber ich konnte die Frist bis zur Überweisung des Millionenbetrags nicht einfach so verstreichen lassen, ohne zumindest zu versuchen, die Hintergründe aufzudecken und insbesondere meine Erpresser zu entlarven. Resignieren und nachgeben war auch in meinem chronologischen Alter nicht angesagt, denn biologisch und mental fühlte ich mich überhaupt nicht so alt.

Welche Damen standen nun noch zur Auswahl? Bei der Yvonne Klein im Schlössli hatte Nikki sich ja selbst geirrt, und wenn er der Täter war und zugleich Teil der Erpressungsverschwörung, dann hätte er, wie ich bereits andachte, noch ein persönliches Rachemotiv gehabt, sie umzubringen. Vielleicht hatte er kurz vor dem Treffen im Schlössli festgestellt, dass er einer Heiratsschwindlerin aufgesessen war. Aber warum die richtige Yvonne Klein erschossen wurde, blieb nach wie vor ein Rätsel.

Die keusche, aber doch auf schwarze Schwänze abfahrende Hannelore Langen ergab wenig bis nichts im Hinblick auf mein angestrebtes Ziel. Die Voodoo-Tänzerin Helga Bollwerk ohnehin nicht, denn sie schien mir doch zu wenig rational, um eine so komplexe Tat durchzuziehen, obwohl ihre Leidenschaft ein mögliches Motiv für einen Mord an einer Konkurrentin sein konnte. Verblieben also noch Christina Waldburg und Regina Sauter. Ich würde beide nach dem Mittagessen anrufen, um festzustellen, welche sich heute Nachmittag leichter besuchen liesse.

Das Mittagessen im «Gordolese» hatte meine Erwartungen im berührenden Erinnern an die herausragende Küche meiner Mutter Beatrice Galli sogar noch übererfüllt. Nicht zu vergessen: Sie, eine waschechte Tessinerin, hatte es mehr oder weniger als Zwangsmigrantin ins biedere, bernische Zurückhaltende verschlagen. Ein absoluter Gegensatz zu meinem introvertierten und geizigen Vater, sicher ein herausragender Mediziner, aber sichtlich nicht geeignet, sich mit dem Italo-Tessiner Temperament meiner Mutter auf Dauer wohlzufühlen. Das führte schliesslich zur Scheidung, nicht zuletzt wegen einer zu seinem kühlen Temperament besser passenden Nichtakademikerin. Meine Mutter hat als Erste an der ökonomischen Fakultät der Universität Bern promoviert.

Der Gerant im «Gordolese» empfahl mir die Firma Noleggio Furgone im Dorf, die zwar auf Lieferwagenvermietung spezialisiert sei, aber doch zwei bis drei normale Autos im Fuhrpark hätte, allerdings wahrscheinlich nur auf seine Empfehlung hin. Aber er wollte gleich mal anrufen.

Bei der Begleichung der recht vernünftigen Rechnung meinte er dann auch: Der Chef der Leihwagenfirma sei im Bild und werde mir einen Golf zur Verfügung stellen.

Nun galt es noch, Regina Sauter und Christina Waldburg zu kontaktieren. Als Erstes rief ich die Sauter an und erhielt von der Haushälterin die eher zurückhaltende Information, die Chefin sei schon seit vier Wochen in Deutschland und komme wohl erst in zwei bis drei Wochen zurück. Diese Regine Sauter konnte also nichts mit dem ganzen üblen Trara zu tun haben. Anders dagegen Christina Waldburg, die in einem charmanten Ton antwortete:

«Ach ja, Herr Steinmann, sehr interessant. Kommen Sie doch vorbei, am besten heute Nachmittag, da habe ich noch Zeit und keine Verabredung. Ich freue mich.»

Das kam mir sehr entgegen. Sie wohnte in Gerra Gambarogno und – welch ein Zufall! – in der Heimatgemeinde meiner Mutter. Symbolisch konnte ich damit das Mami-Gedächtnisessen mit den schmackhaften *Uccelli scappati e polenta* in ihrem Heimatort verdauen. Das schien mir vielversprechend, und das war es dann auch.

Nachdem ich diesen VW Golf gemietet und meine Wanderstöcke im Kofferraum verstaut hatte, fuhr ich unter Vermeidung von allzu viel Verkehr nach Gerra. Das Haus dieser Christina Waldburg fand ich recht schnell. Sie wohnte in einem dreistöckigen Apartmenthaus, und zwar im obersten Stock, also in der Penthouse-Wohnung. Sie musste eine spektakuläre Aussicht auf die andere Seite des Lago Maggiore haben, nämlich auf Ascona und Locarno.

Ich kenne Gerra gut. Vor allem aus jener Zeit, als ich eben zweimal je vier Monate auf dem Monte Ceneri Militärdienst tat und oft mit Kameraden am See im Ristorante zu essen pflegte. Vor einem Jahr, als ich meine Familiensaga *Emmentaler & Nostrano* schrieb, war ich erneut dort, zunächst um das Familienhaus der Gallis zu erkunden und später, nachdem ich das 859 Seiten dicke Werk abgeschlossen hatte, weil ich mich entschloss, das Grabmal meiner berühmten Vorfahren (Tagsatzungsmitglied, erster Tessiner Ständerat, Vicesindaco von Locarno und andere) zu restaurieren. Ich hatte mir nämlich gesagt: Wenn ich schon so eingehend über meine Tessiner Wurzeln schreibe, dann will ich diese Gräber und Statuen auch wieder in Ordnung bringen. Ganz offensichtlich hatte sich seit vielen Jahrzehnten niemand mehr darum gekümmert. Entsprechend vernachlässigt sahen diese Denkmäler deshalb aus.

Ich parkierte unter dem Haus, das ziemlich direkt über dem Dorf platziert war. Die Tür stand offen, und ich konnte mit dem Lift den dritten Stock schnell erreichen. Zu schnell, denn ich hatte mir noch gar nicht richtig zurechtgelegt, wie ich das Gespräch beginnen wollte. Meine Gedanken hatten sich viel zu sehr um meine Tessiner Familie und meine jüngsten Recherchen gedreht.

«Kommen Sie herein, lieber Herr Steinmann, das freut mich doch sehr, den älteren Cousin meines lieben Nikki kennenzulernen. Möchten Sie einen Sherry, einen Kaffee oder einen Grappa? Mehr kann ich Ihnen leider nicht anbieten.»

Mit einigem Staunen sah ich eine auffällige Wasserstoffblondine vor mir, mit knallroten Lippen, in einem wallenden, luftigen, beinahe transparenten gelben Chiffonkleid. Ihr Gesicht wirkte allerdings etwas maskenhaft. Kein Zweifel, da

hatte ein Schönheitschirurg mit Liftings einiges Geld an ihr verdient, was bei diesen Witwen der Norm zu entsprechen schien. Doch unabhängig von ihrem Aussehen strahlte sie eine einnehmende Attraktivität aus.
Langer Rede kurzer Sinn, ich freute mich auf das Gespräch und antwortete:
«Ich würde gerne einen Espresso in Begleitung meines Spezialfreundes Grappa annehmen.»
Dann setzten wir uns, ich wesentlich artiger als sie, die sich locker aufs Sofa hinfläzte. Männerbesuche schien sie sich offensichtlich gewohnt zu sein.
«Nun, mein lieber Herr Steinmann, älterer Cousin von Nikki. Meine erste Frage an Sie: Sie seien angeblich viel älter als er? Aber Sie sehen recht gut aus, wie alt sind Sie denn?
Und meine zweite Frage: Warum tragen Sie nicht den gleichen Namen? Nikki heisst doch Heinmann.»
«Ich bin neunundsiebzig, werde aber bald achtzig. Ich weiss, ich sehe fit aus, weil ich viel wandere, und zwar auf allen Jakobswegen Europas.
Zu Ihrer zweiten Frage: Sie wissen ja sicher, dass er in der Legion war und den ihm zugeteilten Namen behalten hat.»
Sie nickte, und ich fuhr fort:
«Um es kurz zu machen, ich bin hier, weil ich Nikki nach langer Zeit in Bern wiedergesehen habe und ich ihn nun im Tessin besuchen möchte. Das ist mir bisher leider nicht gelungen. Er hatte aber von Ihnen erzählt und mir Ihre Adresse verraten. Ausserdem wohnen Sie ja in der Heimatgemeinde meiner Mutter. Ihre Telefonnummer fand ich übrigens problemlos.»
«Ja was soll ich Ihnen da sagen? Nikki und ich kennen uns gut zwei Jahre, und wir haben eine recht leidenschaftliche Bezie-

hung, denn ich liebe Männer nicht nur in seiner Altersklasse, sondern auch wegen ihrer Söldnervergangenheit. Wissen Sie, Soldaten, die lange ohne eine leibliche Gespielin auskommen mussten, haben ein ungeheures Potenzial, das herauszuholen mir viel Freude bereitet.»
Über diese offene Aussage war ich noch mehr erstaunt als über ihr Aussehen, und ich hakte nach:
«Sie scheinen Erfahrung zu haben, wie muss ich das verstehen?»
«Wie ich Ihnen sagte. Ich habe eine sehr, sehr breite und zum Teil tiefer gehende Erfahrung mit wechselnden Männern, denn ich war, bis mein Mann selig meinte, er müsse mich auf den guten Weg zurückholen, eine Prostituierte. Im Gegensatz zur landläufigen Meinung war ich keineswegs ein Opfer oder dazu gezwungen, sondern tat es leidenschaftlich gerne. Das verstehen Sie vielleicht nicht – ich kenne ja Ihre moralischen Strukturierungen nicht. Aber interessiert es Sie überhaupt?»
Natürlich interessierte mich das. Es war immerhin eine direkte Erfahrung und Einsicht, die man in der Regel nicht erhielt – die gestrige Nachtbegleiterin ausgenommen.
«Ja, liebe Frau Waldburg, ich höre Ihnen sehr gerne zu.»
«Das ist gut, denn ich kann sicher bei einem Verwandten von Nikki aus meiner schönen Schule plaudern. Ich komme keineswegs aus Unterschichtskreisen. Mein Vater war Gymnasiallehrer, meine Mutter Buchhändlerin, also durchschnittlicher Mittelstand. Nach der Matura studierte ich Germanistik und Geschichte. Ich brach aber das Studium mit dreiundzwanzig ab, als ich anfing, mich mit wechselnden Männern zu vergnügen, und dann noch Geld dafür erhielt. Was ein Mann sicher nicht begreifen kann: Männer sind zum Teil komplett verschieden, nicht nur im Aussehen, auch in den Spielarten des Sexual-

verkehrs. Da gibt es Variationen, und diese Variationen sind für mich immer ein bisschen eine Wundertüte. Mit der Zeit widerspiegelte sich dabei auch das veränderte Sozialverhalten, basierend auf dem veränderten moralischen Mainstream. Aber dann kam eben mein Mann, als ich vierunddreissig war, und ich wurde zur braven Ehefrau, Partnerin und auch ein bisschen Frühstücksdirektorin seines Konzerns.»

Das war nun doch ein extremer Zufall, denn bereits diese gestrige Jasmin hatte mir ihre Begeisterung für die Prostitution geschildert, und nun folgte schon die Zweite. Das stimmte niemals mit der überwiegenden Mehrheit dieser Frauen überein, vor allem nicht den Migrierten aus dem Osten, die aus ökonomischen oder anderen Zwängen diesen Beruf wählen mussten. Kann aber sein, dass man sich in Bezug auf das Ausmass oder die Zwänge ein bisschen täuscht. Vor allem wenn man, wie in diesen beiden Fällen, auf ältere Prostituierte trifft, für die das zum langjährigen Lebensinhalt wurde. Umso mehr war ich an den offenen und ehrlichen Erklärungen dieser Frau Waldburg interessiert und fragte nach: «Ja was für ein Konzern?»

«Ein Konglomerat aus verschieden Sparten, vor allem technologischen, und ich gebe zu, es hat mich schon damals nicht interessiert. Heute bin ich seit acht Jahren eine sehr vermögende Witwe. Ich ziehe die klimatischen Verhältnisse hier im Tessin und zugleich die schweizerische Ordnung und Rechtschaffenheit dem Norden und der deutschen Pflicht- und Beamtenart vor. Dazu kommen natürlich auch steuerliche Gründe.

Aber um ehrlich zu sein, ich liebe immer noch die Abwechslung, habe riesigen Nachholbedarf, wenn es auch jetzt immer schwieriger wird, diese Abwechslung zu bekommen, und mich

einiges kostet. Zurzeit, und bitte sagen Sie das Nikki nicht, amüsiere ich mich neben ihm noch mit zwei anderen Männern – und zwar mit zwei seiner Freunde aus der Legion. Sie sind zwar zum Teil komplett verschieden, sowohl physisch als auch mental, aber alle drei haben das gleiche lustvolle Potenzial, das ich auf unterschiedliche Weise fördern kann. Klar, um ehrlich zu sein, das kostet, aber ist für mich ein Klacks, und ich liebe es.»
«Aber Frau Waldburg, haben Sie denn nie Probleme mit dieser Lebensart, die ja auch zu wechselnden Schwierigkeiten führen könnte?»
«Keineswegs. Die habe ich alle im Griff, und ich liebe es, auf verschiedenen Ebenen zu leben beziehungsweise zu liegen und mich zugleich dabei zu bewegen. Im Moment sind es eben drei Männer … früher, vor langer Zeit, waren es mehr.»
Nun fiel es mir wie Schuppen von den Augen. Ich hatte ja das Bild der zwei Freunde in der Legion im Haus von Nikki gesehen und ebenfalls aus dem Fenster geworfen, als es brannte. Dann hatte ich in der Eile der Flucht vergessen, zum Ordner auch das Bild mitzunehmen. Beim besten Willen konnte ich mich nicht daran erinnern, wie die zwei aussahen. Aber ich wusste nun auch, wo ich dieses Bild, falls es noch da war, finden konnte, nämlich im Blumenbeet, wo ich bei meinem Dreimetersprung aufgeschlagen war.
Nun kam mir ein Blitzgedanke:
Könnte es sein, dass einer dieser Legionäre jener Schwarze war, den ich bei der keuschen Hannelore Langen gesehen hatte? Das wäre ein Zufall, aber vielleicht ein weiterführender.
Aus der Erinnerung konnte ich absolut nicht sagen, ob einer seiner Legionskollegen ein Schwarzer war. Deshalb fragte ich:

«Liebe Frau Waldburg, ich habe zu diesen Kameraden von Nikki eine Frage: Ich habe schon von diesen gehört, sie aber noch nie gesehen. War unter diesen zwei Legionären, die Sie ja sehr nahe kennen, auch ein Schwarzer?»
Da änderte sich ganz plötzlich die Gesichtsfarbe der Frau Waldburg. Sie zeigte Anzeichen von Zorn, und dann schrie sie beinahe, für mich unbegreiflich:
«Herr Steinmann, sind Sie Rassist? Ich bitte Sie, meine Wohnung sofort zu verlassen, und auf kein Wiedersehen!»
Was sollte ich da tun? Es blieb mir nichts anderes übrig, als mit dem Versuch eines freundlichen Nickens aufzustehen und abzutreten.
Beim Auto angelangt, hielt ich einen Moment inne. Ich konnte die Situation immer noch nicht verstehen. Ich war wieder mal vor den Kopf geschlagen. Das gab es doch nicht.
Für meine nicht beantworteten Frage hatte ich aber eine Lösung: Am besten fuhr ich sofort wieder zurück nach Gordola und dann die Via Scuola hinauf. Zum Häuschen von Nikki.
Das tat ich dann auch. Das im Vorderteil abgebrannte Gebäude war gut zu erkennen. Von der Strasse aus hatte ich nicht den Eindruck, dass bereits irgendwelche Restaurations- oder Aufräumarbeiten im Gange waren. Ich musste aber ungesehen von hinten an das Blumenbeet herankommen, um das Foto zu finden. Das würde nicht so einfach sein.
Beim Studium der Google-Street-App stellte ich fest: Wenn ich weiterfuhr, würde ich zu einer Haarnadelkurve kommen, und von hier aus könnte ich mich etwas weiter oben dem Haus nähern. Nicht gerade einfach, denn man musste in einem Band von Sträuchern und Bäumen ziemlich steil nach unten steigen. Für diese «Hinterhofaktion» war das

ein zufälliger Vorteil, denn rechts und links war alles überbaut.

Also fuhr ich weiter nach oben und fand dort gerade vor diesem Band von Bäumen einen Parkplatz. Ich nahm nun meine Wanderstöcke aus dem Kofferraum, denn ohne sie wäre das Hinuntersteigen gar nicht möglich gewesen, gemeint sind meine Arthrosen in den Knien. Das war für mich schwieriger als das nachgängige Hinauf. Ich schätzte den Zeitbedarf auf etwa zwanzig bis fünfundzwanzig Minuten. Was nun folgte, war ziemlich mühsam, bis ich schliesslich über den niedrigen Gartenzaun bei Nikkis Haus steigen konnte. Alles mit den üblichen Beinproblemen. Dann begann ich, das Blumenbeet hinter dem Häuschen abzusuchen.

Und da fand ich dann auch das Bild.

Ich befreite es von ein bisschen Erde und Dreck und besah es: Ganz klar, der Mann auf der rechten Seite war ein Schwarzer. Damit ergab sich doch mit hoher Wahrscheinlichkeit eine weitere indirekte Liaison zwischen der Hannelore Langen und der sexbesessenen Christina Waldburg, vielleicht ohne dass die beiden voneinander wussten.

Nun musste ich zurück. Doch da kam mir ein Einfall, und ich kann bis heute noch nicht sagen, warum: Ich wollte nochmals ins Haus, um mir die Brandruine, die mich ja vorgängig in die Flucht geschlagen hatte, von innen anzusehen.

Das war einfach. Nach kurzem Umgehen des Häuschens trat ich durch die Tür, die nur noch in den Angeln hing. Nach zwei, drei Schritten stand ich bereits im unteren Raum mit chaotisch herumliegenden, verkohlten Balken und abgebrannten Möbeln. Also ein ziemliches schwarzes Chaos.

Doch das alles beeindruckte mich nicht.

Was mich erneut vor den Kopf schlug:

Nikki lag auf dem Granitboden, mit weit ausgestreckten Armen und Beinen und leicht erkennbar.
Getötet mit einem Kopfschuss!

16. Am Telefon

Der Schock dauerte nicht lange. Vielleicht stellte sich mit der Zeit bei der Entdeckung von Ermordeten eine gewisse Gewöhnung ein. Nur kurz dachte ich:
«Nun ist der an Ostern aus der Vergangenheit auferstandene Nikki schon wieder in sein Grab zurückgekehrt.»
Doch dann ging es nur noch um eines: Wie komme ich hier unbemerkt weg? Denn mit dem erschossenen Nikki, der mein ruhiges Leben so fatal durcheinandergebracht hatte, wollte ich überhaupt nichts mehr zu tun haben.
So drehte ich mich um, ging zur Tür, öffnete sie langsam und blickte auf die Strasse hinunter, dann nach rechts und links. Sobald ich den Eindruck hatte, dass mich niemand beobachten konnte, verliess ich das schicksalsschwere Häuschen und bemühte mich, so schnell als möglich aus jeglicher Sichtweite hinter das Haus zu gelangen. Was dann kam, entsprach meinem damaligen Nebenleben, nämlich dem wochenlangen Wandern, ja Pilgern. Es galt, in diesen Bäumen und Sträuchern möglichst unbemerkt nach oben zu steigen und dann sofort zu verschwinden. Dies bedurfte der Konzentration, weil das Gelände recht unwegsam war und mir immer wieder Zweige ins Gesicht schlugen, wenn ich nicht aufpasste. Der Untergrund war teils steinig, teils moosig und mit welkem bräunlichem Gras bedeckt. Ich musste immer auf meine Füsse achten, um Fehltritte zu vermeiden. Gott sei Dank trug ich

schwarze Sneakers, die doch einigen Halt boten. So nebenbei war das eigentlich auch ein gutes Training, denn Arom und ich beabsichtigten, in diesem Jahr noch zwei grössere Long-Range-Wanderungen unter die Füsse zu nehmen: Die erste in der Suisse romande über Lausanne, Morges, Romainmôtier, Yverdon, Murten und Biel, die zweite auf dem Jakobsweg an den Bodensee und dann über Liechtenstein, durchs Prättigau, über den Flüelapass nach Samedan. Für einen bald Achtzigjährigen eine eher ernsthafte Herausforderung.

Bevor ich oben aus dem Gestrüpp hinaustrat, peilte ich die Lage, und da niemand zu sehen war, machte ich die letzten Schritte zu meinem Golf so schnell wie möglich. Dabei geriet ich ziemlich ausser Atem. Dann fuhr ich hinunter Richtung Gordola. Langsam, während ich nun überlegte, wohin. Nicht allzu weit. Ich wusste, dass ich nun Ruhe finden und überlegen musste, was der Tod von Nikki für mich und die Erpressung bedeutete.

Ich kannte die Gegend aus meiner Militärzeit auf dem Monte Ceneri. Ein unauffälliger, in der Nähe liegender Ort zum Parkieren könnte der Bahnhof Tenero sein. Dort hatte es sicher Parkplätze, da würde ein parkierter Tessiner Wagen kaum auffallen.

Dann überfiel mich doch ein Gefühlsschwall: Warum, Herrgott noch mal, befand ich mich seit zwei Tagen auf einem blutigen Karussell, das sich immer schneller drehte und von Zeit zu Zeit eine ermordete Leiche von den teuflischen Pferdchen wegspickte? Das Besondere: Ich stand in der Mitte, sozusagen als Achse, um die sich das Böse drehte. Immer schneller.

So ging das nicht weiter. Das musste endlich aufhören, nachdem sich Nikki nun wieder ins kühle Grab verabschiedet hatte. Die Frage war nur, wie. Dieses Wie musste ich nun in Ruhe

bedenken, wohl wissend, dass ich wahrscheinlich auch beim Nachdenken keine Antwort finden würde. Da gab es zu viel Rätselhaftes, zu viele Unwägbarkeiten, für die ich ohne weiteres Eindringen in den blutigen Knäuel oder auf dieses tödlich sich drehende Karussell keine Antwort finden konnte.
Kurz bevor ich beim Bahnhof Tenero ankam, sagte ich mir: «Ich muss mit jemandem über das Ganze sprechen.»
Als Einziger kam Peter hierfür in Frage.
Der Bahnhof Tenero ist ein kleines, rosafarbenes und altmodisches Gebäude beziehungsweise ein altes Durchschnittshaus, dreistöckig, mit weinroten Fensterläden, das heisst, nicht gerade Bahnhof-like. Es steht an den drei Gleisen; in den meisten Fällen fahren die Züge wohl an diesem Kleinbahnhof vorbei. Doch da befindet sich links ein moderner, abgedeckter Parkplatz, auf dem man allerdings nicht allzu lange bleiben kann.
Nachdem ich parkiert hatte, fiel mir der kleine Kiosk mit einem auffallenden Aushang des Blicks auf. Das wollte ich mir nun doch ansehen, denn vielleicht wurde in der Zwischenzeit der Mord an Yvonne Klein bekannt. Dem war so. In grossen Lettern stand auf dem Aushang:
«Rätselmord an deutscher Millionärin im Tessin!»
Selbstverständlich kaufte ich mir nun den «Blick», der wegen der vielen Deutschschweizer im Tessin überall erhältlich ist. Doch lesen wollte ich den Artikel erst später, denn im Augenblick ging es mir allein um mein grundsätzliches vitales Problem des «Ich weiss nicht, wie weiter.»
Ich rief Peter an, er war erstaunlicherweise abermals sofort erreichbar.
«Du, This, was ist denn in der Zwischenzeit geschehen? Warum rufst du nie an?», so seine spontane Reaktion.

Nun war es an mir, in Ruhe und Schritt für Schritt die Geschehnisse der letzten zwei Tage darzulegen. Das dauerte, denn es ging jetzt darum, ihm alle Fakten umfassend und ohne jede Auslassung, inklusive meines eventuellen Fehlverhaltens, zu erklären, damit wir im Gespräch vielleicht doch einen Ausweg finden konnten. Ich endete mit folgender Frage:
«Lieber Peter, bevor du deine Meinung äusserst, hier erst eine Vorwegfrage: Sollte ich die Polizei anonym benachrichtigen, dass da oben im Häuschen ein Toter liegt? Du musst dir vorstellen, dass in der nächsten Zeit dort wohl niemand hineingeht und mein Cousin still und leise vor sich hin verwest.»
Darauf seine etwas erregte Antwort:
«Natürlich nicht anonym, This, du Wahnsinniger! Du gehst zur Polizei, wie du es schon längst hättest tun sollen. Du bist wegen deiner Sturheit und Eingebildetheit total in diesen Rätselstrudel verstrickt. Du meinst, alles selber erledigen zu können. Gib auf, nur die Polizei kann dich jetzt schützen.»
Dann holte er Luft und wollte gleich mit den Vorwürfen weiterfahren, doch ich unterbrach ihn:
«Halt, halt, Peter, so einfach ist das nicht. Du siehst ja selbst, das sind Killer, die zu allem fähig sind. Das mag zwar das Klügste sein, was du vorschlägst. Aber wahrscheinlich werde ich es nicht überleben. Ich glaube nicht, dass mich die Polizei vor diesen Mördern schützen kann, und mein Schlössli wird wahrscheinlich auch bald brennen. Es gibt doch viel zu wenige tragfähige Hinweise, geschweige denn Beweise, als dass die Tessiner Polizei diese Böslinge rechtzeitig neutralisieren könnte. Nein, es bleibt mir nur eine Variante: bezahlen und hoffen, dass sie mich dann in Ruhe lassen. Die Zahlung ist vorbereitet, aber ich habe keine Ahnung, wohin ich das Geld überweisen soll.»

«Nein, This, ich habe dir das schon beim ersten Anruf deutlich gesagt. Du hast keine Alternative als die Polizei. Dummerweise hast du viel zu lange gewartet und hast dich sicher bereits mehrfach schuldig gemacht. Durch aktive Mithilfe an der Vertuschung eines der Morde im Schlössli und durch deine Weigerung, die Polizei über all diese Verbrechen zu informieren. Und das nur, weil du Angst vor einem grossen Skandal hast. Aber der droht nicht nur, der kommt jetzt auch. Dein selbstherrlicher Sherlock-Holmes-Trip ist am Ende. Gib auf.»
«Vielleicht, Peter, hast du rational recht, aber du musst doch verstehen, die Lawine, die mir damit droht und auch die Unsicherheit, was die Gegenseite unternimmt, machen es mir sehr schwer, deinen Ratschlag zu befolgen. Immerhin: Im Moment weiss niemand, wirklich niemand, dass ich mit diesen Verbrechen etwas zu tun habe. Ich wurde weder bei der Yvonne Klein noch beim toten Nikki beobachtet, und die tote Schuster hat sicher nichts mehr mit mir zu tun, wenn ihre Wasserleiche beim Schwellenmätteli in Bern aufgefunden wird. Nein, Peter, es gibt eine dritte Alternative, eine schwierige. Ich habe bis zum Bezahlen des Erpressungsgeldes etwas Zeit, denn noch hat man mir kein Konto angegeben. In dieser Zeit könnte ich, und zwar mit deiner Hilfe, eine Strategie entwickeln, wie ich den Tätern auf die Spur komme. Erst dann würde es sich lohnen, die Polizei zu einer Sofortaktion anzuregen. Was meinst du dazu?»
«Nichts oder ganz wenig.»
«Dann spielen wir dieses wenige einmal durch. Du musst bedenken, solange ich nicht bezahlt habe, bin ich eigentlich nicht in Gefahr. Erst danach könnten sie mich wegräumen, weil ich dann keinen Nutzen mehr für sie habe.»

«Es sei denn, die Täter setzen die Erpressungen mit neuen, belastenden Fakten über dich fort.»
«Das mag ja sein, aber im Moment fühle ich mich sicher. Bitte, bitte, Peter, lass uns jetzt das wenige einmal systematisch durchgehen.»
«Gut, einverstanden, aber ich mache das nicht als eine Unterstützung dieser Idee, sondern nur als ein Gedankenspiel. Merk dir das, This.»
«Und wie beginnen wir?»
«Als Erstes stellt sich die Frage: Welche Personen sind bisher bekannt, und welche Verbindungen bestehen zwischen ihnen?»
Nach kurzer Überlegung antwortete ich:
«Ja das Letztere ist eigentlich klar. Die Verbindung aller ist Nikki, und der ist jetzt weg. Aber zur Systematik: Die folgenden Personen befinden sich auf dem, was ich das blutige Karussell nenne, das sich um mich dreht, nämlich Marianne Schuster, Yvonne Klein, Hannelore Langen, Helga Bollwerk, Christina Waldburg und die absente Regina Sauter. Nikki, die Schuster und die echte Klein sind tot. Ferner sind noch ein Schwarzer und zwei Legionäre, beide bisher nicht aufgetreten, im Spiel.»
«Falsch, der Schwarze könnte ja durchaus jener von der Langen sein, also ein ehemaliger Legionskamerad von Nikki, und auch bei der Waldburg ist er ja wahrscheinlich dabei: Sie hat drei Legionäre, und mit Sicherheit ist einer der Schwarze.»
«Ja, da hast du recht, den Gedanken hatte ich auch schon. Und das Legionsbild bestätigt das zwar nicht ganz eindeutig, aber ist so zu interpretieren. Leider ist das Bild eine schlechte Schattenaufnahme. Aber einer der Legionäre auf dem Bild könnte tatsächlich ein Afrikaner sein.»

Nun wurde es kurz still am Telefon, dann meinte Peter:
«Gut, neben der Verbindung zwischen Nikki und diesen Damen besteht also auch eine zwischen Hannelore Langen, dem schwarzen Legionär und der Christina Waldburg.»
Da gab ich zurück:
«Und sonst siehst du keine Verbindung?»
«Nein. Aber nun zu den möglichen Hypothesen. Ganz klar ist Nikki der Mörder der Schuster, aber sicher nicht der alleinige Erpresser. Ebenso klar ist für mich, dass einer der Legionäre ein Killer sein könnte, professionell und gewohnt zu töten. Das heisst, er ist der Täter mit Sicherheit bei Nikki und mit einiger Wahrscheinlichkeit auch bei Yvonne Klein. Das muss einen triftigen Grund haben. Andererseits sage ich mir, die Legionäre allein sind nicht zu einer Erpressung mit dem Bitcoin-System fähig. Mit anderen Worten, es ist durchaus möglich, dass auch eine der Frauen von Nikki mit von der Partie ist.»
Das hatte eine hohe Wahrscheinlichkeit. Da hatte Peter sicher recht, und ich antwortete:
«Du meinst also ein Trio infernale: eine der Geliebten mit dem Schwarzen und mit Nikki, der von den beiden anderen dazu motiviert wurde, den Erpressungsmord im Schlössli zu begehen, und zwar mit der Aussicht auf eine Million. Geld, das er für einen ruhigen Lebensabend benötigte und für die Beendigung seines anstrengenden Weiber-Schneeballsystems. Wäre doch möglich?»
«Ja, aber warum wird dann Yvonne Klein umgebracht? War etwa sie die Frau? Und warum sollte der Legionär sie dann umbringen? Im Übrigen hat es noch einen weiteren, nämlich weissen Legionär, der bisher nicht aufgetaucht ist.»
Ich stimmte ihm zu:

«Da hast du recht. Vielleicht war es eben kein Trio, sondern ein Quartett, und zwei sind nun bereits weggeräumt, was die Anteile des Schwarzen und der verbleibenden Dame um die Hälfte erhöht. Aber mich dünkt, Peter, du versteifst dich zu sehr auf den Schwarzen und damit natürlich auf die Hannelore Langen.»
Er zögerte und stimmte zu:
«Das aber liegt nahe. Vielleicht haben die zwei eben eine viel engere Beziehung als die scheinbar offensichtliche, dass er nur für die Sexgelüste dieser Keuschen zuständig war. Und vielleicht war dieses Verhältnis so intensiv, dass sie eben Nikki nicht küssen wollte.»
«Ja, könnte sein, aber warum lässt sie sich dann mit Nikki ein?», fragte ich.
«Ja weil sie den Schwarzen eben auf eine andere Weise liebt und sich auf dieser Ebene nicht mit Nikki einlässt, aber die intellektuelle und kulturelle Auseinandersetzung mit ihm liebt: Sie schreibt ihm sogar Gedichte. Könnte doch sein? Und vergiss nicht, die beiden Körperverbundenen können Nikki dann benutzt haben, um den Schlössli-Mord zu begehen.»
Nun gab es da aber eine Unstimmigkeit, und zwar wegen meiner kurzen, aber intensiven, sozusagen Wiedersehensfreude mit Yvonne. Daher fragte ich:
«Und die Yvonne Klein in deinem Konstrukt?»
«Ja die war eben auch dabei, denn die wollte vielleicht auf diese Art ihre Haushälterin loswerden und hat sie dem Nikki vermittelt.»
«Das, lieber Peter, steht nun doch auf schwachen Füssen. Nikki kannte ja die reale Yvonne Klein gar nicht. Wie sollte sie dann die Haushälterin vermittelt haben?»

«Tja, da hast du wiederum recht, aber vielleicht war es umgekehrt. Sie hatte die Basisidee, wusste davon und konnte die Hannelore und den Schwarzen für diesen Plan gewinnen.»
Ich antwortete spontan:
«Eher unwahrscheinlich, mein lieber Peter. Deine Hypothesen, an die du ja selbst nicht so recht glaubst, stossen meiner Ansicht nach immer wieder an die Grenzen der Realität.»
«This, das stimmt wohl. Aber warte einen Moment, ich muss nachdenken.»
Dann wurde es eine Weile still am Handy, und wieder donnerte ein Zug vorbei. Ich kam mir wie verloren vor auf einer lauten Insel, auf der man nicht weiss, wann das rettende Schiff kommt, wobei mir ein kleines Fischerboot genügen würde und es nicht eine weisse Yacht mit jungen Frauen in knappen Bikinis sein musste... Ziemlich abwegig, dieser Gedanke. Dann holte Peter mich zurück in die Realität:
«Ja, es gibt zwei Dinge, die du klären musst. Erstens: Du vergisst die Sauter.»
Da unterbrach ich sofort:
«Die ist seit Wochen weg und kommt erst in drei Wochen wieder.»
«Woher weisst du das?»
«Hat mir die Haushälterin am Telefon gesagt.»
«Und du, This, du Naivling glaubst das? Wenn sie nämlich involviert ist, war das die einzig logische Antwort. Mit anderen Worten: Geh hin und überprüfe das. Falls sie dort ist, überrasche diese Regina Sauter. Kann aber sein, dass sie wirklich weg ist oder einfach ungestört bleiben will.»
«Gut, mache ich. Und der zweite Ansatz?»
«Du musst die Vermögensverhältnisse dieser Frauen überprüfen, und zwar bei allen. Meine Vermutung: Jene der Yvonne

Klein und der Hannelore Langen sind nicht so glänzend, wie Nikki glaubte, oder vielleicht auch nur bei einer der beiden. Daher das Interesse an der Erpressung.»
«Guter Gedanke, Peter. Vielen Dank. Ich gewinne den Eindruck, du unterstützt nun doch das wenige. Aber nicht ich, sondern du wirst das klären. Du bist ein alter Recherche-Profi, das war schliesslich dein Beruf, und du findest das wesentlich einfacher heraus als ich. Ich werde aber zur Sauter fahren. Das gibt mir ein bisschen Halt, weil ich weiss, was ich als Nächstes tun kann.»
«Halt, halt, nicht so schnell. Aber gut, die Recherche nehme ich dir ab, dir zuliebe. Allerdings ohne Überzeugung, denn der einzige vernünftige Schritt wäre nach wie vor, zur Polizei zu gehen. Diese Recherche wird zudem dauern, und du musst mir noch die Adressen dieser Frauen schicken.»
In diesem Moment sah ich auf meinem Handy eine SMS-Nachricht. Ich öffnete sie. Sie stammte von einem anonymen Absender:
«Herr Steinmann, Sie haben drei Tage Zeit, um die drei Millionen zu überweisen, und zwar auf die Krypto-Bank Revolut in Grossbritannien auf folgendes Konto: GB09 567A 6690 1037 4N89 407. Die Stichzeit ist Mitternacht.
In der Zwischenzeit wissen Sie ja, dass wir es ernst meinen.»

17. Lebensgrenze

Es war jetzt bereits halb fünf Uhr. Vordringlich galt es nun, meine drei Bankberater anzurufen, mit der Anweisung, dem englischen Bitcoin-Konto als vorbehaltener Befehl je eine Million anzuweisen.
«Vorbehaltener Befehl» ist ein militärischer Ausdruck dafür, alles so vorzubereiten, dass es sozusagen auf Stichwort ausgelöst werden kann. Vorher geschieht gar nichts.
Dann natürlich mein Anruf an die liebe Arom in Thailand. Dort würde es jetzt bald elf Uhr abends sein, und ich musste ihr wohl erneut alltägliche Routine und Langeweile vorspielen. Ich lüge nicht gerade gern. Aber wenn es notwendig ist, vor allem um jemanden nicht zu verletzen, dann verschweige ich lieber die Wahrheit. Oder berichte zumindest nicht aktiv über das wirkliche Geschehen, wenn es halt nicht anders geht. Die sogenannte Wahrheit und Direktheit verletzt oft ungemein, und nach meiner Erfahrung ändert sich eine Situation auch allzu oft. Dann ist diese «Wahrheit» bei den Betroffenen bleibend, aber die Sache an sich ist längst vorbei.
Die Gespräche mit den drei Bankern liefen wie die vorhergehenden. Insbesondere machten alle drei den Vorbehalt, dass sie ohne meine Unterschrift gar nichts tun könnten. Dem hielt ich entgegen, dass sie ja eine Überweisung auf ein Bitcoin-Konto als Anlage für mein Konto und dann als weitere Weisung eine Überweisung von diesem Bitcoin-Konto aus veranlassen

könnten. Um die noch vorhandenen Zweifel zu zerstreuen, würde ich ihnen eine Bestätigung von meinem privaten E-Mail-Account schicken.
Danach galt es, Arom anzurufen.
Das Gespräch verlief nicht ganz wie immer. Meine liebe Gattin ist sehr «gschpürig», wie es in unserem Dialekt heisst. Sie bemerkte wahrscheinlich an meiner Stimme, dass nicht alles in Ordnung war. Sie bohrte entsprechend nach, und ich musste dann doch ganz deutlich im obigen Sinne lügen, um ihre Bedenken zu zerstreuen. Wohl war mir nicht dabei.
Nun wollte ich erneut versuchen, diese Regina Sauter zu treffen, weil, wie Peter meinte, die Auskunft der Haushälterin bewusst falsch sein konnte. Aber sollte ich noch einmal vorher anrufen oder einfach hinfahren und sie überraschen? Diese Sauter wohnte in Ronco sopra Ascona, das heisst nach Ascona vis-à-vis der Insel Brissago oben am Berg. Bei dem nach siebzehn Uhr zu erwartenden Verkehr bedeutete das sicher eine halbe Stunde Fahrt. Nach kurzem Überlegen rief ich an, um der Haushälterin mitzuteilen, ich müsse Frau Sauter etwas überbringen. Daher käme ich um halb sechs kurz vorbei.
Doch es war keine Haushälterin am Telefon, sondern es lief nur der Anrufbeantworter, was mir die Sache erleichterte. Ich rezitierte noch einmal mein Verslein: Ich möchte Frau Sauter wegen meinem Cousin Nikki kurz treffen, und zwar in etwa einer halben Stunde.
Das Haus dieser Regina musste an der Via Pontif liegen, eine Abzweigung nach rechts von der Via Ronco, und zwar gemäss Google Maps unmittelbar an der Strasse.
Eine halbe Stunde später stand ich dann davor und konnte rechts auf einer Aussparung neben zwei Autos parkieren. Das Haus beeindruckte mich durch seine moderne Architektur. Es

war an dem steilen Hang in drei Etagen unterteilt, wobei die erste ein Swimmingpool über der Garage sein musste. Darüber mit breiter Glasfront wahrscheinlich der Haupttrakt, und von der oberen Etage sah man einzelne Zimmer mit breiten Fenstern. Dies dürfte wahrscheinlich der Schlaftrakt sein und dazu vielleicht auch ein Büro. Anzunehmen war, dass die Bewohner erst unten in die Garage und dann mit einem Lift auf die drei Etagen fahren würden. In dieser prominenten Wohnlage sicher ein nicht gerade billiges Anwesen, allerdings ohne jeglichen Umschwung bis auf ein bisschen Grün links und rechts, von wo aus eine Treppe zur ersten Etage führte. Menschen waren keine zu sehen.

Ich gab mir innerlich einen Ruck, verliess meinen Wagen und stieg die Treppe hoch. Trotz der modernen Architektur stand ich vor einer dunkelbraunen Eichentür im Tessiner Stil. Ich klingelte. Aus dem Lautsprecher antwortete mir ein Tessiner auf Italienisch:

«Was wollen Sie?»

Und ich gab in meinem schlechten Italienisch zurück:

«Ich habe mich auf Ihrem Anrufbeantworter angemeldet. Ich möchte Frau Sauter sprechen. Ich bin mir aber bewusst, dass dies zur Unzeit sein könnte.»

«Warten Sie.»

Dann dauerte es eine Weile. Schliesslich öffnete mir ein mittelgrosser Mann in einem weissen Mantel mit der Aufschrift «Spitex» die Tür. Sein Gesicht war braun gebrannt, sein wallendes schwarzes Haar beinahe schulterlang. Und nun erinnerte ich mich an das Auto unten auf dem Parkplatz. Ein kleiner Fiat mit dem Logo «Spitex» an der Seitentür stand dort. Was hiess das? Aber ich würde es ja bald erfahren. Er sagte kurz:

«Frau Sauter ist bereit, Sie zu empfangen, Herr Steinmann. Aber bitte nicht zu lange. Höchstens eine halbe Stunde.»
Worauf ich antwortete:
«Das genügt vollständig.»
Und er:
«Folgen Sie mir bitte.»
Nun ging es durch einen breiten, modern eingerichteten Wohnraum mit Glasfenstern auf die gedeckte Terrasse, die von unten nicht einsehbar war. Dort sah ich zu meiner Überraschung eine Frau im Rollstuhl, die Beine unter einer braunen Kaschmirdecke. Der Kopf dieser offensichtlich älteren Dame hatte etwas Geierhaftes, das heisst eine spitze Nase und ein spitzes Kinn, die grau-weissen Haare waren streng nach hinten geknotet. Ihr Gesicht drückte eher Interessenslosigkeit und sogar Gleichgültigkeit aus, während sie mit einer leicht arroganten norddeutschen Stimme meinte:
«Nun haben Sie es doch geschafft, Herr Steinmann. Nehmen Sie Platz … und Carol, bringen Sie uns bitte Tee.»
Sie hielt es nicht für nötig, mich nach meinen Wünschen zu fragen. Dann lehnte sie sich zurück und sah mich irgendwie auffordernd an, was mich doch in Verlegenheit brachte. Ich hatte nun ziemlich Mühe, mir eine Beziehung zwischen Nikki und ihr vorzustellen, die dann zu diesen offenen und zugleich liebevollen Briefen führte. Erstaunlich. Ich verzichtete auf Smalltalk und schon gar nicht auf ein «Wie geht es Ihnen?», denn die Antwort sah ich ja vor mir. So kam ich direkt zur Sache:
«Sie kennen ja meinen jungen Cousin Nikki, der sich seit der Fremdenlegion Heinmann nennt, aber ursprünglich ein Steinmann ist, nämlich der Sohn meines Onkels. Ich suche ihn seit Tagen hier im Tessin, finde ihn aber nicht. Er hat mir

von Ihnen erzählt, daher mein Besuch. Vielleicht können Sie mir helfen, ihn zu kontaktieren.»
Nun wurde es still. Sie gab mir keine Antwort, sondern betrachtete mich nun aufmerksamer. Ich gewann den Eindruck, ihre Gleichgültigkeit sei dahin. Dann plötzlich:
«Nikki, Nikki, meine letzte grosse Freude in meinem beschissenen Leben. Gäbe es ihn nicht, würden Sie mich wahrscheinlich hier nicht antreffen und ich müsste mir nicht mehr das weibische Getue dieses homosexuellen Carol anhören.»
Was antwortet man auf ein so offenes und eindeutiges Wort? Nach einigem Zögern sagte ich:
«Ich bin froh, dass Sie meinen Cousin Nikki kennen, denn er ist ein guter Mensch. Ja, es freut mich, wenn er etwas Gutes für Sie bedeutet.»
Zugegeben, diese Antwort war etwas läppisch, und vor allem sah ich dabei den erschossenen Nikki vor mir, wie er ausgestreckt in dieser Brandhöhle lag. Was würde geschehen, wenn sie davon erfuhr? Es würde das Ende ihres Lebens bedeuten, wenn es ihr mit diesen schweren Worten ernst gewesen war. Zugleich wurde mir bewusst, dass Nikkis Heiratsschwindlerberuf bei diesen Frauen fatale seelische Auswirkungen hatte und potenziell, wenn sie die Wahrheit erfuhren, enorme Wunden und Narben hinterlassen würde. Im Prinzip kam seine Tätigkeit einer ganz bösen Gemeinheit gleich, die mir in meinem eigenen Leben völlig fremd war. Wenn ich jetzt an diese Voodoo-Tänzerin und nun an Regina hier dachte, dann gab es keine Entschuldigung. Auch gegen Geld tut man so etwas nicht. Dagegen galt das bei der Waldburg, der Sexbesessenen, etwas weniger.
Die Frau im Rollstuhl sagte nun:

«Ja, da haben Sie recht, Nikki ist ein guter Mensch. Nur sehe ich ihn leider nicht allzu oft, und er lässt mir viel Zeit, über den Sinn meines Restlebens nachzudenken. Wissen Sie, Herr Steinmann, wenn man querschnittgelähmt ist und keine Chance hat, wieder aufzustehen, etwas zu tun, zu handeln, also ein freier Mensch zu sein, wird alles sinnentleert, auch wenn man viel Geld hat. Dies gilt in meinem Alter ganz besonders, und vor allem wenn Sie vorher nicht bereits eine Tätigkeit pflegten, die Ihnen auch in einem permanent stationären Zustand Inhalt gab.»

Was sollte man dazu sagen? Da hatte sie sicher recht, vor allem wenn das vorherige Leben aus vielerlei Aktivitäten, darunter vielleicht auch aus gesellschaftlichen Anlässen, Reisen und Sport, vielleicht gar Golf bestand. Und dann auch noch als Witwe, ohne einen fürsorglichen Ehemann.

Daher antwortete ich:

«Ich kann mir kaum vorstellen, wie Sie in dieser schicksalsschweren Situation zurechtkommen. Ich verstehe nun, was die Liebe zu meinem Cousin für Sie bedeutet.»

Sie unterbrach mich und holte ein iPad unter der Decke hervor.

«Recht haben Sie, Herr Steinmann. Aber Gott sei Dank habe ich noch dieses iPad und in meinem Büro oben einen modernen PC, was für mich nichts anderes als das Tor zur Welt bedeutet. Aber dieses Tor, und das vergessen die meisten, bleibt nur ein unerreichbarer Schein. Die digitale Welt hat mit den analogen Bedürfnissen eines Menschen, falls Sie mich verstehen, wenig zu tun.»

Dann sah sie mich eine Weile an, als ob sie in sich gehen und überlegen würde, ob sie mir noch mehr aus ihrer traurigen Gefühlswelt offenbaren wollte.

Ich schien dieser Prüfung standzuhalten, denn dann fuhr sie fort, als ob der Damm ihres eisigen Einsamkeitssees gebrochen wäre:
«Sie sind ein intelligenter Mensch, das spüre ich, Sie sind ja auch Professor. Dann wissen Sie so gut wie ich, dass ein absoluter Sinn von aussen uns nicht gegeben ist, letztlich bis auf den Trieb zu essen, zu trinken, sich fortzupflanzen und sich gegen die Witterung und die Natur zu schützen. Den Lebenssinn, wenn Sie den entsprechenden Freiheitsgrad haben – ich meine sozial und mit den entsprechenden Mitteln –, müssen Sie sich selbst geben. Ich habe so viel Schönes und Interessantes erlebt mit meinem Mann, aber auch ohne ihn. Vor allem Reisen durch die Welt, um fremde Kulturen zu erleben und die verschiedensten Menschen kennenzulernen, haben mich erfüllt. Wobei ich nicht als simpler Tourist reiste, sondern durch die entsprechende Literatur wohlvorbereitet war. Leider hatte ich nicht das Talent zu schreiben, denn ich hätte noch so gerne über diese Reisen und die Menschen etwas Bedeutenderes hinterlassen. Und so blieb es bei meinen Erinnerungsnotizen im Tagebuch.
Aber ehrlicherweise war mein Sinn nicht nur dies: Ich genoss durchaus die Sinnlichkeit des Lebens und die Möglichkeiten, die einem der Körper dazu gibt. Für mein Leben gern tat ich das, was man Sex nennt, aber nur im Zusammenhang mit einer tiefen Zärtlichkeit. Dies, ja, ich gestehe es, nicht nur mit meinem Mann. Es gab da so vieles, was nun zum einen wegen meines Alters und zum anderen wegen dieses verdammten Autounfalls unmöglich wurde. Wohlverstanden, Herr Steinmann, auch querschnittgelähmt, und das weiss die Mehrheit nicht, kann man die Sinnlichkeit geniessen. Aber es gelingt einem nicht mehr, die entsprechenden Partner zu finden.

Und damit bin ich bei Nikki. Nikki hat diese Fähigkeit. Er weiss: Die Sexualität ist ein wunderbares Geschenk. Ich liebe die Kraft, Freude und Schönheit, die dadurch entstehen. Nikki hat das voll erkannt und mich mit seiner Zärtlichkeit, aber auch seiner Manneskraft immer wieder tief befriedigt. Deshalb liebe ich ihn und hoffe, ihn nie mehr aus meinem Leben zu verlieren.»

Dann wurde es still. Gleichzeitig kam dieser Carol herein und servierte den Tee mit kleinen, trockenen Biskuits. Er schenkte ein, und dabei fiel mir auf, dass er ein etwas weibisches Gehabe zeigte. Damit war klar, dass dieser «Spitex»-Mann sicher nicht die Lücke des abgegangenen Nikki würde füllen können.

Tja, das schwere Schicksal dieser Frau Sauter machte zugleich klar, dass sie mit der ganzen aktuellen bösartigen Geschichte nichts zu tun hatte. Sie schied damit als Beteiligte an der Erpressung und den Mordtaten gänzlich aus.

So leid mir diese Frau an der Lebensgrenze auch tat: Ich konnte ihr nicht helfen, und am besten war es, mich nun auf eine anständige Art und Weise zu entfernen. Ich trank die Tasse Tee aus, wahrscheinlich ein Jasmintee, versuchte Frau Sauter mit viel Mitgefühl anzusehen und wiederholte dann: «Ja, ich bin froh, dass Sie meinen Cousin so gut kennen und dass er Ihnen so viel Gutes tut.»

Aber dann log ich brandschwarz:

«Nikki hat mir in warmen Tönen von Ihnen berichtet, und ich glaube, dass er sehr ehrliche Liebesgefühle für Sie hegt. Ich habe einen Freund aus dem Militär, dessen Sohn bereits mit Anfang zwanzig querschnittgelähmt war, dies wegen eines unvorsichtigen Sprunges vom verschneiten Chalet hinunter in den tiefen Schnee, unter dem sich allerdings ein

Rasenmäher verbarg. Das Besondere war, dass mit der Krankenschwester, die ihn in den nächsten Jahren betreute, eine tiefe Liebe entstand. Die beiden haben geheiratet und bekamen sogar ein Kind. Ich wusste also, dass eine ausgelebte Liebesbeziehung trotz der Lähmung möglich ist.
Mit anderen Worten, ich gratuliere Ihnen, dass es Ihnen und Nikki gelang, sich in diesem Sinn in der Liebe zu finden.»
Sie antwortete nicht. Ich sah aber deutlich, wie sie in sich ging und ihre Augen sich mit Tränen füllten.
Nun aber musste ich diese Übung beenden. Denn lange war dieser Lug und Trug nicht mehr auszuhalten. Daher stand ich auf, verbeugte mich gegen die Frau Sauter und sagte:
«Liebe Frau Sauter, es tut mir leid, dass ich Sie so lange in Anspruch nahm. Und weil ich zum Abendessen verabredet bin, muss ich mich von Ihnen verabschieden.»
Sie schüttelte nur leicht den Kopf, nickte, und ich wollte mich gerade mit Handschlag verabschieden, als mein Handy klingelte. Ich sagte: «Entschuldigung...», und nahm den Anruf entgegen.
Es war die Hannelore Langen, die dezidiert zu mir sagte: «Herr Steinmann, kommen Sie sofort zu mir. Es ist dringend!»

18. Drohung

Nach dem artigen Abschied von Frau Sauter mit nicht gespieltem Mitleid in Ton und Gesicht, denn ihre Geschichte hatte mich ehrlich berührt, ging ich die steile Treppe hinunter zum Auto. Nun überfiel mich erneut ein Schwall von Gedanken, die in mir immer schneller kreisten. Einerseits um das schreckliche Schicksal von Frau Sauter, andererseits um die Frage, was denn wohl die keusche Hannelore Langen von mir wollte. Im Auto setzte ich mich zwar hinter das Steuer, fuhr aber nicht los, denn ich wollte erst einmal in Ruhe überlegen:
«Ist es klug, der dringenden Aufforderung von Hannelore Langen zu folgen? Welche Überraschung wartet wohl dort wieder auf mich?»
Nach meinem Gefühl konnte es kaum etwas Positives und Schönes sein. Die ganze Spur, die Nikki im Tessin hinterlassen hatte, verhiess nichts Gutes. Ich konnte mich des Gedankens nicht erwehren, dass mein ehemaliger Lieblingscousin nun vielleicht doch bekommen hatte, was er verdiente.
Trotzdem stand immer noch die Erpressung im enger werdenden Raum, hatte nun aber nichts mehr mit ihm zu tun. Daher hielt ich an meiner Strategie fest: Ich konnte gar nicht anders, als weiterzumachen und deshalb die Langen anzuhören. Vielleicht gelang mir mein Vorhaben, die Erpresser

und auch die Killer noch rechtzeitig zu entlarven. Dann würde ich, wie Peter dies ja inständig von mir verlangt hatte, die Polizei einbeziehen.

Tja, dieser Schwarze. Zu ihm wurde mir jetzt auch etwas klar: Er führte ebenfalls ein Doppelleben. Auf der einen Seite schien er der favorisierte Körpergespiele der Hannelore Langen zu sein und auf der anderen genoss er mit seinem, sorry, langen Schwanz die sexbesessene Waldburg. Meine Gedankenflut war nicht mehr einzudämmen, und ich erinnerte mich an ein Gespräch mit einer Bekannten, die mir von ihrer Beziehung mit einem Schwarzen erzählt hatte. Es war ein sehr intimes Gespräch. Für die Europäerinnen – und das meinte sie ohne rassistische Hintergedanken – seien die Schwarzen mit zu langen Geschlechtsteilen ausgestattet. Denn bei tiefem Eindringen verursache dies Schmerzen. Wichtiger für das Gefühl sei nicht die Länge, sondern der Durchmesser. Da seien die Schwarzen zwar auch gut ausgestattet, aber die Europäer durchaus konkurrenzfähig. Dann fügte sie noch hinzu:

«Wohingegen die Japaner meist durch eine kleinere Version auffallen.»

Mit Verlaub, das klang doch nach angewandtem, verpöntem Rassismus dieser ehrlichen Dame. Warum mir all diese Gedanken durch den Kopf gingen? Es musste ja einen Grund geben, warum die Sexbesessene sich derart zu diesem Schwarzen hingezogen fühlte. Denn offenbar schien sie durch die häufige Nutzung ihres Organs kein Problem mit dieser Besonderheit zu haben. Aber warum sie derart heftig reagiert hatte, als ich sie auf den schwarzen Legionär ansprach, blieb mir ein Rätsel. Sie musste unter irgendeinem Trauma leiden, anders war das nicht zu erklären.

Aber eindeutig schienen mir jetzt zwei Dinge: Der Schwarze, wenn es sich denn tatsächlich um den Söldner handelte, war sowohl der Gespiele der Hannelore Langen wie andererseits auch der Christina Waldburg. Ich konnte mir aber nicht vorstellen, dass Erstere dies wusste. Wenn ich aber jetzt zu ihr fahren würde, dann wäre es wohl besser, diese Kenntnis nicht zu nutzen. Dagegen lag das Entscheidende darin, dass die Waldburg es mit hoher Wahrscheinlichkeit auch mit dem dritten der drei Söldner trieb. Er musste demnach auch im Tessin sein. Und damit war für mich klar, dass dieser in dem verbrecherischen Geschehen auch mitspielte.

Nun fuhr ich los, und etwa eine Viertelstunde später stand ich in Ascona vor dem Haus der Frau Langen. Wiederum war die Tür offen, und ich konnte mit dem Lift hinauf in die dritte Etage.

Ich klingelte, und die Tür öffnete sich fast wie automatisch, sodass ich im Hintergrund Hannelore Langen sah, auf dem Sofa sitzend und mich aufmerksam anblickend. Dies war doch etwas eigenartig, und ich zögerte zwei, drei Sekunden lang.

Dann trat ich ein, und siehe da: Ich fühlte an meinem Hinterkopf den harten Lauf einer Pistole, vermutlich eher eines Revolvers.

«Nicht umdrehen! Eine falsche Bewegung, und du bist tot!», hörte ich scharf hinter mir, mit einem deutlichen französischen Akzent. Zweifellos, das war Mike, der schwarze Legionär.

Das war ein krasser Schockmoment. Ich schluckte mehrfach leer und blieb wie zur Salzsäule erstarrt stehen. Ich konnte nichts anderes tun, als abzuwarten, was da kommen würde. Auf dem Gesicht der Hannelore Langen sah ich ein süffisan-

tes Lächeln. Da hatte ich also meine neue Überraschung! Ich stammelte nur:
«Was soll das?»
Und hörte etwas lauter hinter mir:
«Schweig, du elender Killer.»
Dann tastete er mich ab und fand auch prompt meine Glock, zog sie aus meinem Gürtel, beinahe mit einem Aufschrei:
«Aha, habe ich mir doch gedacht!»
Da lag ein grundlegendes Missverständnis vor, das wurde mir sofort klar. Aber wie aufklären?
Ich hob an:
«Sie irren sich, denn...»
«Schweig, Killer! Setz dich dort aufs Sofa. Ich stehe hinter dir. Eine falsche Bewegung, und du gehst hops.»
Ich tat wie geheissen und muss gestehen, dass ich nun am ganzen Körper zitterte. Es brauchte meine ganze Beherrschung, um die so plötzlich aufsteigende Angst nicht deutlicher zu zeigen. Ich sagte mir:
«Ruhig bleiben, ruhig bleiben. Abwarten, abwarten. Es wird sich klären.»
Dann blickte ich auf die süffisante Hannelore Langen und stiess hervor:
«Frau Langen, was soll das, warum werde ich hier bedroht?»
Sie lehnte sich etwas zurück, verzog ihren Mund und sagte in ihrem bereits bekannten arroganten Ton:
«Was sehen Sie da auf dem Tisch?»
Und erst jetzt wurde mir bewusst, dass auf dem Glastischchen vor mir der «Blick» von heute Morgen lag, mit der grossen Headline:
«Rätselmord an deutscher Millionärin im Tessin!»
Dann fügte sie beinahe zähneknirschend hinzu:

«Das waren doch Sie. Seit Sie im Tessin sind, geht der Tod um. Vielleicht sind Sie gar er selbst.»
Gleichzeitig brüllte der Schwarze hinter mir:
«Ja, und heute hast du meinen besten Freund Nikki umgenietet und wahrscheinlich auch am Vortag den Brand gelegt. Was auch immer der Grund sein mag, nun ist Schluss, du greiser Killer.»
Ich richtete mich nach einigem Leerschlucken an die Langen und gab mit trockener Kehle zurück:
«Sie irren sich komplett. Das ist ganz anders, aber leider kann ich Ihnen nicht sagen, wer die beiden umgebracht hat. Ich möchte das selbst gerne wissen, und zwar aus gutem Grund.»
Darauf wieder der Schwarze hinter mir, indem er den Lauf seines Revolvers so fest an meinen Hinterkopf drückte, dass es schmerzte:
«Geschwätz! Ich war ja oben im Gebüsch versteckt. Ich habe das Haus beobachtet, weil ich vom Brand wusste, aber nicht von Nikki. Er verbarg mir etwas. Dann aber habe ich gesehen, wie du hineingingst und wenig später abgehauen bist. Daraufhin habe ich den armen Nikki mit Kopfschuss entdeckt. Und du musst etwas wissen, du Killer! Mit Nikki habe ich sehr viel durchgemacht, wir waren engste Freunde und er hier im Tessin mein einziger, neben meiner liebsten Hannelore.
Und glaub mir: Bei uns in der Legion gilt immer noch Auge um Auge, Zahn um Zahn. Und Kameradschaft geht über alles.»
Es hatte keinen Sinn, ihm das auszureden, wenn er mich tatsächlich beobachtet hatte, wie ich ins Haus ging. Der Weg zur Klärung führte über sie.
«Frau Langen, glauben Sie mir, Nikki war schon tot und ich war ebenso überrascht...»

Und schon wieder unterbrach mich der auf Rache sinnende Ex-Legionär:
«Ich habe ja deine Glock hier in der Hand. Schwer für dich, es abzustreiten.»
Worauf ich sofort entgegnete:
«Sie sind doch ein Profi. Riechen Sie doch daran, und Sie werden sofort erkennen, dass mit dieser Waffe nicht kürzlich geschossen wurde.»
«Lügner, wahrscheinlich warst du früher auch ein Profi. Und wenn man die Waffe nach der Tat nicht wegwirft, ist das Erste und Wichtigste, sie auseinanderzunehmen, mit Alkohol und dann mit reichlich Öl zu reinigen. Mach dich doch nicht lächerlich!»
Nun mischte sich die Langen ein und sagte zu meiner Überraschung:
«Yvonne Klein war eine meiner wenigen Freundinnen hier im Tessin. Wir haben beide ein ähnliches Schicksal. Dass sie sozusagen aus heiterem Himmel umgebracht wurde, hat mich tief getroffen. Allerdings gibt es seit Kurzem einen Vorbehalt. Als ich erfahren habe, dass Nikki, mein edler Freund, mit ihr auch etwas hatte, war ich sehr enttäuscht. Doch muss ich zugeben, ich konnte ihm nicht das bieten, was er sich wünschte. Vielleicht hat er sich deshalb an Yvonne herangemacht, nachdem ich sie ihm seinerzeit als meine Freundin vorgestellt hatte.»
«Liebe Frau Langen, das sehe ich alles ein. Es ist grässlich und entsetzlich. Aber ich war es wirklich nicht. Im Gegenteil. Ich war von Anfang an auf der Suche nach den Hintergründen des Bösen hier im Tessin. Das hatte einen besonderen Grund. Wenn es Sie interessiert, Ihr Bodyguard hinter mir etwas Ruhe gibt und mit seinen Drohungen aufhört, dann kann ich Ihnen alles im Detail erzählen.»

Dann wurde es eine Weile still. Sie schien abzuwägen, ob sie darauf eingehen wollte oder nicht. Eines war für mich aber sicher. Sie konnte es keinesfalls zulassen, dass in ihrer Wohnung jemand umgebracht würde. Also musste sie ohnehin die brennende Wut des Schwarzen bremsen, die zu unüberlegten Handlungen hätte führen können.
Dem war dann auch so.
«Gut, Herr Steinmann, erzählen Sie. Und du, Mike, stehst etwas zur Seite. Er hat ein Recht, seine Sicht der Dinge darzustellen. Wir können dann beide beurteilen, ob er lügt oder nicht. Wenn er lügt, kannst du ihn mitnehmen und mit ihm machen, was du willst. Also los, Herr Steinmann, erzählen Sie.»
Nun musste ich weit ausholen, denn die beiden kannten meinen persönlichen Hintergrund ja nicht. Ich erzählte also die ganze Geschichte von A bis Z und schilderte insbesondere die drohende Erpressung.
Es war mir durchaus bewusst, dass ich mich jetzt wohl zum ersten Mal in meinem langen Leben um Kopf und Kragen reden würde. Daher gab ich mir Mühe, in nicht zu komplizierten Sätzen, ruhig im Ton und eher langsam zu berichten, damit sie es auch gut verstehen konnten. Das bedurfte hoher Konzentration. Und dies alles noch unter der tödlichen Bedrohung, für mich etwas vom Schwierigsten, was ich bisher im Leben erfahren hatte.
Nun sah ich auch den Schwarzen. Ich hatte richtig geraten, er hielt einen langläufigen, schweren Revolver Marke Smith & Wesson in der Hand. Ich konnte auch die Patronen in den Kammern erkennen: Hohlspitzgeschosse, die vorn ein Loch haben und im Körper zerplatzen. Eine absolut verbotene Munition, die ich ehrlicherweise früher ebenfalls in meiner

Waffen- beziehungsweise Munitionssammlung besass. Dies bedeutete nichts anderes als: Dieser Revolver gilt als ein klassisches Killerinstrument.

Meine Erzählung dauerte sicher eine Viertelstunde. Mit der Zeit gewann ich aber den Eindruck, ich hätte die Hannelore Langen und wahrscheinlich auch den Legionär überzeugt. Nun fragte sie mich:

«Nehmen wir an, Sie haben uns die Wahrheit erzählt. Dann stellt sich sofort die Frage: Wer dann? Und warum?»

Klar, das war das Schwierigste überhaupt, denn ich wusste es ja selbst nicht. Aber immerhin gab es doch Hinweise, und zwar wie bereits vorgängig angedacht: Da tummelte sich doch noch ein dritter Legionär in der Gegend, und daher antwortete ich:

«Ich habe eine Frau besucht. Sie heisst Christina Waldburg. Wahrscheinlich kennen Sie sie nicht. Aber sie gehörte auch zum Bekanntenkreis von Nikki.»

Nun sah ich im Gesicht des Schwarzen sichtbares Erstaunen. Offenbar wusste er nichts von seinem Konkurrenten bei der Sexbesessenen.

«Diese Frau Waldburg habe ich auf der Suche nach Nikki auch besucht, und sie war recht offen mit mir. Sie gestand mir...»

Und nun zögerte ich. Blickte kurz zum Schwarzen hinüber und fuhr dann fort:

«... sie liebe den Sex mit ehemaligen Soldaten, insbesondere mit Fremdenlegionären. Darunter, verehrte Frau Langen, es tut mir leid, auch Nikki. Aber nicht nur er, sondern noch ein weiterer Legionär, dessen Namen sie mir aber nicht nannte. Sie meinte nur, es sei ein Kamerad von Nikki.»

Und links von mir schrie es beinahe:

«Der Horst! Das muss der Horst sein. Ja, dann kann sich alles mit ihm abgespielt haben. Warum auch immer.»
Nun richteten sich die Augen der keuschen Hannelore wie auch die meinen auf ihren schwarzen Freund. Bisher kannte ich ja die Identität des dritten Legionärs nicht, und zugleich sah ich eine grosse Erleichterung, wenn nicht sogar Dankbarkeit in den Augen von Mike, weil ich es unterlassen hatte, auch ihn in diesem Zusammenhang zu erwähnen.
So fuhr er fort:
«Wir waren in der Legion anfänglich oft zusammen. Ich mache es kurz: Je öfter wir in Afrika im Auftrag des ‹Deuxième Bureau› in den scharfen Einsatz gegen Aufständische mussten, umso deutlicher stellte sich heraus, dass Horst ein Perverser war und offenbar noch immer ist. Er erfreute sich am Töten, unabhängig davon, ob es um Bewaffnete oder um Zivilisten ging, und ich meine damit auch Kinder. Dieser Sauhund! Nikki und ich mussten ihn des Öfteren bremsen, damit er sich nicht noch weiter auf diese furchtbare Weise auslebte. Die Söldner der Légion étrangère sind keine Killer. Wir sind gute, ja professionelle Soldaten und führen das Soldatenhandwerk, soweit es geht, sauber durch. Vielleicht war es ein Fehler, dass Nikki und ich ihn aus kameradschaftlicher Solidarität nicht angezeigt hatten, sondern jeweils versuchten, ihn zu hindern und zu decken.»
In diesem Moment vibrierte mein Handy, das ich vorgängig auf leise gestellt hatte. Es war Peter. Meine Frage an Frau Langen:
«Darf ich?»
Und sie nickte.
Nach kurzem Gruss sagte Peter:
«Soeben eine Meldung auf Blick online: Yvonne Kleins Firma hat Konkurs angemeldet, und sie hat wahrscheinlich ihr gan-

zes Vermögen verloren. Meine Schlussfolgerung: Sie konnte den hohen Lebensstandard im Tessin nicht mehr halten. Was sagt dir das?»
Meine Antwort:
«Einiges.»
Und dann erzählte ich ihm noch kurz von Regina Sauter und dass sie wegen der Querschnittlähmung wohl ausser Betracht falle, im Gegenteil, sie habe mir ziemlich leidgetan.
Auf seine Frage, wie denn das in der Praxis mit Nikki überhaupt möglich war, antwortete ich ihm:
«Ich habe auch gestaunt. Offensichtlich war die Lähmung für das Ausleben der Sinne mit Nikki und ihr in keiner Weise hindernd. Im Gegenteil.»
Er überlegte kurz.
«Erstaunlich. Aber an deiner Stelle würde ich, um sicher zu sein, das Thema auf Wikipedia anklicken. Im Übrigen bin ich gerade daran, die finanziellen Verhältnisse von Christina Waldburg und Regina Sauter zu klären, und mir scheint, dass ich ziemlich nahe dran bin. Ich rufe dich zurück, wenn ich mehr weiss.»
Die beiden hatten mein Gespräch mit fragenden Augen verfolgt, und ich meinerseits tippte auf meinem Smartphone, obwohl ich immer vom Handy spreche. Tatsächlich hatte die arme Frau Sauter die Wahrheit erzählt. Sexualität mit Querschnittlähmung war durchaus möglich. Aber dann entdeckte ich etwas:
«Unerhört, eine solche Gemeinheit!»
Nun erinnerte ich mich an die sonderbare Bemerkung von Helga Bollwerk zu den vier Voodoo-Puppen. Ich hatte ihr zu wenig Bedeutung beigemessen, weil ich es als esoterisches Geschwätz abtat.

Damit fielen mir sozusagen die Schuppen von den Augen, und mir wurde plötzlich klar, was da im Tessin tatsächlich abgelaufen war.

19. Kein Happy End

«Was bewegt Sie zu diesem Ausruf?», fragte mich die Langen mit einem gespannten Ausdruck im Gesicht, und Mike beugte sich vor, hing sozusagen an meinen Lippen.
Nun zögerte ich, denn konnte ich aufgrund eines Satzes, eines wörtlichen Zitats, den ganzen Rattenschwanz des Geschehens ableiten? Lag meine nur zu oft und zu schnell in die Realität umgesetzte Intuition hier falsch, und löste ich vielleicht Konsequenzen aus, die ich im Nachhinein bereuen würde?
Andererseits, wenn dem tatsächlich so wäre, wie ich glaubte...
Nun unterbrach Hannelore Langen meinen Gedankenfluss:
«So, Herr Steinmann, wir haben Ihnen Ihre schöne und wohlüberlegte Geschichte abgenommen. Aber vielleicht sind Sie ja nur ein hochtalentierter Märchenerzähler. Und bitte, nun Klartext, was haben Sie auf Ihrem Smartphone entdeckt, was Sie zu diesem spontanen Ausruf bewegte?»
Mike hob, wie um seine Sexgespielin zu unterstützen, den Revolver etwas hoch und richtete ihn auf meinen Bauch. Da galt es nun zu reagieren.
«Gemach, gemach, alles, was ich Ihnen erzählt habe, ist die reine Wahrheit. Aber was habe ich nun herausgefunden? Ich frage mich allerdings, ob es etwas verfrüht ist, dass ich es in den Raum stelle, weil die Konsequenz daraus wäre, dass Sie, Mike, wissen, wer Ihren besten Freund umgebracht hat und wo Sie ihn finden.»

Nun kam es spontan in seinem französischen Akzent scharf zurück:
«So, jetzt ist Schluss mit der Rumrederei. Raus damit, wer hat Nikki getötet?»
Und ich gab sofort zurück:
«Sie haben recht, es war Horst. Meine Unsicherheit betrifft jedoch den Mann, den ich gesehen habe. War das dieser Horst? Bitte geben Sie mir noch fünf Minuten. Ich möchte meinen Freund Peter anrufen. Er könnte uns mit einiger Wahrscheinlichkeit belastbare Hinweise geben, ob mein plötzlicher Verdacht – in Tat und Wahrheit ist er sehr weit hergeholt – auch zutrifft. Gestatten Sie mir das?»
Die Langen nickte und meinte zu Mike:
«Okay, lass ihn. Er wird uns ja danach genau sagen, um was es geht.»
Nun rief ich Peter an. Er nahm wiederum sofort ab und sagte:
«Du, ich hätte dich jetzt auch gleich angerufen, denn ich habe einige Neuigkeiten.»
«Sehr gut, aber warte einen Moment», und ich stellte das Handy auf Lautsprecher, damit die beiden mir wieder zuhören konnten.
«Also los, Peter, wir sind gespannt. Ich bin nämlich bei Frau Hannelore Langen und ihrem Freund Mike zu Besuch. Du weisst, der enge Freund von Nikki aus der Fremdenlegion.»
Er antwortete umgehend:
«Gut, dann kann ich dir ja schon mal bestätigen, dass Frau Langen in einer sehr guten Vermögenslage ist. Da bestehen nicht die geringsten Probleme.»
Bei diesem Satz wirkte Frau Langen ziemlich empört, beherrschte sich jedoch und knirschte nur:

«Aha. Sie trauten mir offenbar nicht über den Weg. Gut zu wissen.»
«Nun, This, kann ich fortfahren?»
«Ja, mach weiter.»
«Die Yvonne Klein war dagegen komplett pleite. Gemäss meinem Informanten benötigte sie sofort 300'000 bis 400'000 Franken zur Ablösung eines kurzfristigen Kredits, sonst hätte sie aus ihrer Villa in Ascona ausziehen müssen.»
«Sehr interessant. Nun ist sie ja ausgezogen, aber ins kühle Grab. Und diese Helga Bollwerk, die Voodoo-Tänzerin?»
«Die ist allerdings sehr vermögend, da besteht kein Zweifel. Und sie scheint gemäss ihrem Treuhänder an Geld nicht besonders interessiert zu sein. Sie lebe im Verhältnis zu ihren Möglichkeiten ziemlich bescheiden.»
«Auch sehr aufschlussreich. Und die Christina Waldburg?»
«Die? Haha, die ist Alleininhaberin eines grossen Konzerns – aber daran völlig desinteressiert. Gemäss einigen Informanten dürfte sie sogar Milliardärin sein …»
«Aber er hat völlig andere Interessen», meinte ich dazu.
Mike machte nun sehr grosse Augen. Das war offenbar auch für ihn absolut neu. Und ich dachte nur, hoffentlich sieht die Langen sein Erstaunen nicht, denn das würde noch ein zusätzliches Beziehungsdrama schaffen.
Zugleich wurde ich mir einmal mehr bewusst, in welchen Sumpf ich durch diese Nikki-Recherche geraten war. Aber zu weiteren Überlegungen hatte ich nicht die Zeit, und ich fragte:
«Und die Sauter? Sie würde mich besonders interessieren.»
Er antwortete:
«Das war das Schwierigste. Ich bekam nur ungefähre Hinweise, aber die waren ziemlich negativ. Die Vermutung steht

im Raum, dass sie ihr Vermögen bereits durchgebracht hat. Aber Genaueres war nicht zu erfahren. Dann bekam ich noch einen Hinweis – ich weiss nicht, ob er für dich wichtig ist –, nämlich dass sie vor ihrer Heirat eine recht berühmte Theaterschauspielerin war. Auch wohnte sie früher am gleichen Ort wie die Yvonne Klein. Das heisst, du kannst davon ausgehen, dass sich die beiden kannten.»
Nun wurde mir alles klar. Mein schwarzer Verdacht wurde damit bestätigt.
Ich war sozusagen am Ziel angelangt!
Die Frage war nun: Wie gehe ich mit diesem Wissen um? Doch allzu lange konnte ich nicht überlegen, denn die beiden schauten mich mehr als fragend an. Also blieb mir nichts anderes übrig, als mich zu äussern:
«Hör zu, Peter, ich bin dir sehr dankbar. Ich rufe dich bald zurück.»
Damit beendete ich das Gespräch. Ich hüstelte zwei-, dreimal, wandte mich zu Hannelore Langen und begann in sehr gesetzten Worten:
«Also es geht um Folgendes: Diese Regina Sauter habe ich, wie bereits erzählt, querschnittgelähmt im Rollstuhl angetroffen. Es gelang ihr gut, bei mir Mitleid mit ihrem schlimmen Schicksal zu erwecken. Für mich war sofort klar, diese Sauter konnte nichts mit den fatalen Vorgängen im Tessin zu tun haben. Sie ist ja so immobil, da konnte sie gar nicht handeln. Irgendwie kamen wir auch auf die Sexualität zu sprechen, wie Nikki sie trotz der Querschnittlähmung befriedigen konnte. Das sei absolut möglich und beglückend. Und dazu meinte sie wörtlich: ‹Die Sexualität ist ein wunderbares Geschenk. Ich liebe die Kraft, Freude und Schönheit, die dadurch entstehen.› Das ist jedoch nichts anderes als ein wörtliches Zitat

der Swiss Paraplegic Group aus dem Internet. Mit anderen Worten: Sie hat die Querschnittlähmung nur gespielt, um mich zu täuschen. Sie hatte ja eine halbe Stunde Zeit, um sich vorzubereiten, weil ich mich auf dem Anrufbeantworter vorangemeldet hatte.»
Nun sprang die Langen auf und schrie mit rotem Kopf:
«Mit wem allem trieb es dieser Nikki denn noch? Das ist ja ein richtiger Schweinehund! Dann geschieht ihm eigentlich recht, dass man ihn eliminierte.»
Mich dünkte, ihre Wut kannte nun keine Grenzen mehr, und ich goss noch etwas Öl ins Feuer, indem ich sagte:
«Ja, Frau Langen, Sie haben recht. Nikki war ein Heiratsschwindler und hat es mit all den Frauen getrieben, die Peter vorhin aufgezählt hat. Und zwar des Geldes wegen. Nicht nur mit Yvonne Klein. Allerdings mit der falschen, darauf komme ich noch zurück.»
Nun mischte sich Mike ein:
«Aber wenn Horst, was ich sehr gut verstehe, tötet, wie wenn er eine Fliege abklatschen würde, also mit leichter Hand, war er denn dort auch dabei?»
«Ich glaube, ja. Sie hatte einen Pfleger der ‹Spitex› bei sich, der mir durch seine wallenden Haare auffiel.»
«Wallende Haare?», gab Mike zurück und rief aus:
«Nein, nein, Horst war ein Kahlkopf, der hatte gar keine Haare.»
Worauf ich antwortete:
«Ja, es könnte eine Perücke gewesen sein, und zwar von einer Frau, nämlich der Regina Sauter selbst. Mit anderen Worten, mein Verdacht geht dahin, dass die beiden die Drahtzieher sowohl der Erpressung als auch der Ermordung von Yvonne Klein und Nikki sind. Warum aber, kann ich aus dem Gan-

zen nicht schliessen. Mag sein, weil die Yvonne ja pleite war. Nikki war eben nur das Instrument, das die Basis für die Erpressung schuf, indem er die scheinbare Klein – denn das war nämlich nur die Haushälterin der wahren Klein – in meinem Schlössli abgestochen hat. Wahrscheinlich hatte er nicht gewusst, dass diese Haushälterin, welche die Yvonne Klein übrigens loswerden wollte, auch eine Heiratsschwindlerin war. Und falls er es tatsächlich realisiert hatte, dann fiel es ihm umso leichter, sie bei mir zu Hause mit meinem Bajonett zu töten. Aber ehrlicherweise muss ich gestehen: Wir kommen hier nicht weiter.»
Da unterbrach mich Mike:
«Da haben Sie sicher recht. Wir müssen zu ihnen und die beiden stellen. Aber das ist nicht ungefährlich. Doch glaube ich, dass ich es meinem Freund Nikki schuldig bin, die Sache, wie sie wirklich war, zu klären und auch zu Ende zu führen.»
Nein, das kam nicht in Frage, das durfte ich nicht zulassen, denn sonst würde es todsicher, im wahrsten Sinne des Wortes, übel enden.
Nun war der Moment gekommen, wo ich auf Peter hören und sofort die Polizei involvieren musste. Wir wussten nun, was und wer hinter der Erpressung steckte und wer getötet hatte, wenn auch nicht, warum. Aber das war Polizeiarbeit und sicher nicht die unsere. Im Übrigen hatte die Bollwerk nur zu drei Viertel recht. Es waren nämlich zwei Frauen und ein Mann, die Nikki schlecht beeinflussten. Aber in einem hatte sie überhaupt nicht recht: Nikki war nicht nur ein alter, das Töten gewohnter Fremdenlegionär, sondern charakterlich völlig gewissenlos, wie er seinen Lebensunterhalt bestritt. Und nun war ich auch froh, dass er jetzt wieder dort war, wohin er sich vor circa zweiunddreissig Jahren verabschie-

det hatte, nämlich im Nirwana. Auch die Polizei würde seine wahre Identität wohl nie klären können. Höchstens seine Vergangenheit bis zur «Gorch Fock» unter dem neuen Namen Heinmann.
Doch mein Problem war ein aktuelles: Wie konnte ich seinen Freund Mike daran hindern, die Sache selbst in die Hand zu nehmen? Denn dieser schien dazu fest entschlossen.
Ich meinte:
«Ich weiss, dass Sie sich mit ganzer Seele für Ihren Freund rächen möchten. Dieser Horst ist ein unkontrollierbarer Mörder, der wahrscheinlich zu schnell tötet. Aber ich bitte Sie inständig, und auch Sie, Frau Langen, das sein zu lassen. Jetzt ist nun wirklich der Moment gekommen, die ganze Geschichte der Polizei zu übergeben. Und Sie wissen ja: Sie beide sind eigentlich nicht involviert. Dagegen wird eine schmutzige Lawine voller Skandale auf mich herunterdonnern. Ich habe drei Morde nicht gemeldet und im Prinzip indirekt geholfen, diese Verbrechen zu vertuschen. Ja vielleicht wäre sogar das eine oder andere zu vermeiden gewesen, wäre ich früher dem Ratschlag meines Freundes Peter gefolgt und hätte mich an die Polizei gewandt. Das wird mich sowohl von aussen wie von innen für den Rest meines Lebens beschäftigen. Abgesehen davon, dass ich meine liebe Frau Arom auch brandschwarz angelogen habe.»
Daraufhin stand Mike langsam auf, hob seinen Revolver, richtete ihn direkt auf meine Stirn und meinte nur:
«Cool, Herr Steinmann, Sie können wählen. Kommen Sie mit, oder wir fesseln Sie, und wenn die Sache erledigt ist, kehre ich hierher zurück und werde mich Ihrer annehmen. Ich muss nämlich aus Ihren Ausführungen schliessen, dass Sie den Tod meines Freundes vielleicht hätten vermeiden können.»

Da übertrieb er. Doch ich glaubte nicht, dass ich ihm dies hätte ausreden können, und in dieser Situation mit einem kriegserfahrenen Legionär zu diskutieren war sinnlos. Die Frau Langen selbst war seit der Erkenntnis, dass Nikki sie mehrfach betrogen hatte, völlig in sich gekehrt und beachtete das Geschehen gar nicht mehr.
Nun sprach Mike in befehlendem Ton:
«Wir machen das jetzt so. Ich fahre mit Ihnen und Hannelore in Ihrem Wagen zu dieser Gelähmten. Sie sagen mir, wie wir dahin kommen. Dort gehe ich dann vor – und ihr folgt mir nach. Etwa so. Nun los, keine Diskussion mehr. Komm, ma chérie!»
Die Fahrt verlief schweigsam. Schwierig zu beschreiben, welches Gefühlsdurcheinander in mir tobte. Ich wusste, nun wird es lebensgefährlich. Aber dieser Mike war wie ein wütender Stier, der mit gesenktem Kopf und schnaubend auf den Torero losrannte – und er war ganz sicher nicht zu bremsen.
In Ronco fuhren wir langsam am Haus der Regina Sauter vorbei, weil Mike mich anwies, ein bisschen weiter oben, auf einer anderen Parkstelle, zu parkieren. Diese fand sich in gut hundert Metern Entfernung, wiederum rechter Hand. Dann gab er mir meine Glock zurück und sagte:
«Sie kommen mit Hannelore nach, bleiben aber vorerst unten am Haus. Ich gehe vor.»
Auch da konnte ich ihm nur gehorchen, obwohl ich jetzt meine Pistole wiederhatte, allerdings nicht durchgeladen. Er wäre mit seiner Smith & Wesson eindeutig schneller gewesen. Nun standen wir unten beim Haus. Frau Langen und ich drückten uns an das Garagentor, während Mike beinahe wie ein Tiger auf der Jagd die Treppe hochschlich. Nun hiess es warten.

Dann ging es sehr schnell.
Wir hörten kurz hintereinander vier dumpfe Schüsse. Nach etwa zwanzig Sekunden wieder ein Schuss, dann noch einer, aber beide mit einem helleren Klang als die vorherigen.
Nun wurde es still.
Frau Langen sagte sofort:
«Wir müssen hinauf. Ich hoffe, Mike ist nichts passiert.»
Ich gab zur Antwort:
«Vorsicht! Das ist sehr gefährlich.»
Und sie gab sofort zurück:
«Mir egal, dann gehe ich alleine.»
Da konnte ich nicht anders und antwortete:
«Gut, Sie gehen hinter mir und machen nichts, ohne dass ich es sage.»
Dann lud ich meine Glock durch, entsicherte sie und ging vorsichtig, Schritt für Schritt, und bei jedem immer mehr zweifelnd, ob ich das Richtige tat. Nicht zu vergessen, ich wurde bald achtzig, bildete mir zwar ein, das sei nur das chronologische Alter und nicht das mentale und auch nicht das physische. Doch ehrlich, meine Reflexe waren nicht mehr wie früher. Und gegen einen mehr als zwanzig Jahre jüngeren Profikiller anzutreten war wohl nicht gerade das Klügste.
Aber ich konnte nicht anders. Und vor allem: Es interessierte mich nun doch, warum das alles und was gerade da oben ausgeschossen wurde.
Die Tür stand sperrangelweit offen. Ich ging vorsichtig hinein und prüfte mit einem Blick die Situation: Links am Boden lag dieser Carol in seinem Blut, und tatsächlich trug er keine Perücke, sondern war kahl, hatte den Mund weit offen, die starren Augen auf die Decke gerichtet. Rechts, halb sitzend,

röchelte Mike. Man gewann sofort den Eindruck, dass er im Sterben lag.
Weiter hinten, beim Esstisch, stand die Sauter, blickte nicht zu mir, sondern wie in die Ferne. Sie war gleich angezogen wie bei meinem Besuch, allerdings mit grauen Flanellhosen. In ihrer Rechten hielt sie eine Pistole, eindeutig eine Walther 7.35, die bevorzugte Waffe von James Bond.
Gefährlich! Denn, ganz klar, die beiden letzten Schüsse stammten von ihr und waren wohl die Ursache, dass Mike getroffen wurde und nun sein Leben ausröchelte. Neben mir rannte nun die Langen vorbei und kniete sofort bei Mike nieder, versuchte ihn mit leisem Zureden am Leben zu erhalten. Ich dagegen richtete die Glock auf den Bauch der Sauter und ging langsam auf sie zu:
«Frau Sauter, lassen Sie die Waffe fallen. Oder ich schiesse Sie in den Bauch!»
Sie blickte nur kurz zu mir und antwortete nicht.
«Haben Sie mich gehört, Frau Sauter? Wenn Sie die Waffe nicht fallen lassen, schiesse ich!»
Jetzt reagierte sie, indem sie mich ansah, aber offenbar nicht die Absicht hatte, mir zu folgen.
Nein, ich konnte nicht schiessen, das wäre doch Mord gewesen. Aber ich hob meinen Arm noch deutlicher an und wiederholte:
«Frau Sauter, wenn Sie nur eine Bewegung mit Ihrer Hand machen, kann ich nicht anders, als zu schiessen. Denn es ist klar, Sie haben Mike so angeschossen, dass er wahrscheinlich gerade stirbt. Nun heraus mit der Sprache, Frau Sauter, was ist da geschehen?»
Sie stotterte, wie halb abwesend:
«Dieser Schwarze ist hochgekommen und hat einfach meinen Carol erschossen, dieser Killer! Und dabei gerufen: ‹Das ist

für Nikki!› Carol hat zurückgeschossen, aber zu spät, so traf er nicht mehr. Ich habe es dem Typen dann gegeben.»
«Frau Sauter, das habe ich vermutet, aber lassen Sie jetzt die Waffe fallen.»
«Nein, werde ich nicht.»
«Sie sind sich bewusst, dass ich, wenn Sie sie anheben, sofort schiesse?»
«Weiss ich.»
Was konnte ich anderes tun, als in dieser Grenzzone zwischen Tod und Leben ruhig zu bleiben? Nichts tun?
«Also lassen wir einmal die Situation, wie sie ist. Aber Sie könnten mir vielleicht etwas erklären. Sie müssen wissen, ich kenne die meisten Hintergründe. Mich würde vor allem interessieren, warum Ihr Carol die Yvonne Klein erschossen hat und warum dann Nikki – von dem Sie ja jetzt wissen, dass er ein Heiratsschwindler war.»
Sie zögerte, aber dann kam es doch wie ein Wasserfall aus ihr heraus:
«Sie sind ja dieser Steinmann. Dieser reiche Kerl, der nicht weiss, wohin mit dem Geld, und Schlösser kauft, herumfliegt und wahrscheinlich in Sachen Frauen auch nicht viel besser ist als mein Nikki. Ich weiss, die Idee der Erpressung war keine gute im bürgerlichen Sinne. Aber Yvonne, meine Freundin seit vielen Jahren, und ich haben uns das ausgedacht. Und zwar als Yvonne erkannte, dass ihre Haushälterin, ein exaltiertes, geldgieriges Stück, das sie ohnehin loswerden wollte, sich bei Nikki unter ihrem Namen eingeschlichen hatte. Ironie des Schicksals: Da trafen zwei Heiratsschwindler aufeinander, und daher hatten wir auch wenig Skrupel. Nikki war, wie Sie auch wissen, ziemlich gewissenlos und benutzte ja schon früher, in Ihrer Abwesenheit, Ihr Schlösschen, um Reichtum vorzuspiegeln.

Übrigens auch mir, und ich muss gestehen, es ist äusserst geschmackvoll eingerichtet, und die alten holländischen Meister haben mich beeindruckt.
Als Nikki von mir erfuhr, dass er einer Schwindlerin aufgesessen war – Yvonne kannte er gar nicht persönlich –, liess er sich zu dieser Erpressung überreden, und wir hätten die Million dreigeteilt. Von Mord war nicht explizit die Rede. Aber ich konnte das Carol nicht verheimlichen, und er drängte dann darauf, die Summe deutlich zu erhöhen. Dafür war er bereit, wenn irgendwie nötig, sein Talent zur Verfügung zu stellen. Nikki versuchte im Übrigen, mit dieser Frau Jasmin die neue Forderung etwas abzumildern. Aber sicher ohne Wirkung. Nun gab es aber ein Problem...»
Sie sprach jetzt nur noch zu sich, ohne mich zu beachten.
«Nun gab es aber ein Problem. Yvonne war mit dieser Erhöhung nicht einverstanden. Sie wäre mit 330'000 Franken zufrieden gewesen. Und aus irgendeinem Grund bekam sie Skrupel und wollte aussteigen. Vor allem als sie erfuhr, dass Nikki ihre Haushälterin umgebracht hatte. Tja, zwischen Planen und der Realität besteht ein Unterschied. Als Horst das erfuhr, diskutierte er gar nicht mehr mit mir, sondern fuhr einfach los. Und kam dann zurück, mit dem kurzen Satz: ‹Die Sache ist erledigt.›»
Nun fuhr ich doch dazwischen:
«Und warum Nikki? Und warum wussten Sie immer, wo ich bin?»
Die Antwort war kurz und einleuchtend:
«Horst hat an Ihrem Wagen eine Art Wanze installiert, und so wusste ich auf meinem PC immer, wo Sie sich befanden. Im Übrigen begann er, Sie zu beschatten. Und dann geschahen eben zwei Dinge, die mir persönlich nicht gefielen. Ers-

tens wollte er Dampf machen, wie er das nannte. Als er sah, wie Sie in das Haus von Nikki schlichen, legte er unten einen Brand. Das war unklug und ziemlich gefährlich, weil zu sehr improvisiert. Auch da hatte ihn aber niemand gesehen. Ja, das war eben das Problem mit diesem Carol. Er schien das alles liebend gern zu tun, weil es ihn offenbar an die Zeit in der Legion erinnerte. Als er sah, dass Sie sich mit Nikki unterhielten, hatte er den Verdacht, dass Nikki Ihnen das Ganze verraten könnte. Klar, das war übereilt und nicht sehr überlegt. Er bestellte nämlich seinen Legionskameraden sofort in das abgebrannte Haus und gab vor, mit ihm über die Erpressung sprechen zu wollen. Und leider ging Nikki hin – und Sie wissen ja, was dann geschah.
So, Herr Steinmann, nun kennen Sie die ganze Geschichte, und ich weiss, sie ist nicht zu Ende. Für mich beginnt sie jetzt wohl erst richtig.»
Was sollte ich dazu sagen? Nun wusste ich es also, wusste aber immer noch nicht, wie ich hier unbehelligt rauskommen und die Polizei einschalten konnte. Denn die Frau hielt nach wie vor die Walther umklammert, und einen tödlichen Schuss abzugeben, der sie stoppen würde, war für mich unheimlich schwer. Das wäre ja das erste Mal in meinem langen Leben gewesen.
Kurz ein Blick zu Hannelore Langen. Mir schien, sie hatte gar nicht zugehört. Denn in der Zwischenzeit war kein Röcheln mehr von Mike zu hören, und seine Augen blickten starr nach vorne an der Langen vorbei.
Ich weiss nicht, wie lange ich dorthin geschaut hatte, wahrscheinlich zu lange.
Ein scharfer Knall, ich fuhr herum und sah gerade noch, wie die Sauter, Rücken zu mir, wie in Zeitlupe zusammenbrach.

Zuerst auf die Knie, dann wie bei einer Marionette, deren Fäden durchgeschnitten wurden, flach auf den Bauch. Die Walther 7.35 war schon vorher mit einem metallenen Geräusch neben ihr auf dem Marmorboden aufgeschlagen. Dann begann seitlich von ihrem Hals etwas Blut auszutreten, das sich rasch zu einer Lache verbreiterte. Unschwer zu erkennen, dass sie, Regina Sauter, sich soeben durch das Kinn ins Gehirn geschossen hatte.
Nicht mehr meine Sache. Die Frage hiess nun einfach:
Was nun?
Drei Tote in diesem Haus... und ich und diese Hannelore Langen, die wir eigentlich nichts miteinander zu tun hatten. Ich gebe zu, was ich jetzt tat, war rein spontan, ohne lange zu überlegen: Ich drehte mich um, eilte so schnell ich konnte aus dem Haus und die Treppe hinunter. Dann ebenso schnell zu meinem Golf, und ich fuhr nun, ohne darüber nachzudenken, nach Gordola.
Dort gab ich den Golf zurück, beglich die Rechnung, als ob ich ein digitaler Automat wäre. Mit meinem eigenen Wagen fuhr ich dann wieder ins «Gordolese» und beglich auch dort die Rechnung.
Ich sagte mir, wenn die Langen bei der Polizei schwieg – und dazu hatte sie sicher Anlass genug –, würde die wahre Geschichte unter dem Deckel des Vergessens bleiben.
Ich konnte mir nicht vorstellen, dass es der Tessiner Polizei gelingen würde, die verschiedenen Verbrechen in einen sinnvollen Zusammenhang zu bringen. Von mir wusste man, ausser im «Gordolese» und beim Vermieter des Golfs, ja nichts. Vielleicht, dass die Ermittler annahmen, es handelte sich um die Abrechnung dreier Söldner und dass die Sauter ihren Geliebten verteidigte. Und mit der gleichen Pistole von Carol

wurde die Yvonne Klein erschossen, musste irgendwie in dieses Drama involviert sein. Da niemand mehr lebte, blieb das alles ungeklärt...

Doch sicher konnte ich da nicht sein. Es hiess einfach abwarten.

Dann fuhr ich so schnell wie möglich los, auf die Autobahn, zurück nach Bern.

Ich konzentrierte mich auf die Fahrt, wusste aber schon jetzt, dass mich dieser ganze tödliche Strudel hier im Tessin so oder so noch für die Zeit meines vielleicht nicht mehr so langen Lebens beschweren würde.

Zum Autor

Matthias F. Steinmann geb. 1942 in Köniz bei Bern. Schulen in Bern und Graubünden, Studium an der Universität Bern, wo er doktorierte und habilitierte. Er war bis zu seiner Pensionierung Forschungsleiter bei der Schweizerischen Radio- und Fernsehgesellschaft SRG, a. o. Professor für Medienwissenschaft an der Universtät Bern und Unternehmer. Seine Innovationen Telecontrol und Radiocontrol wurden/werden weltweit eingesetzt und führten seine Unternehmen zum Erfolg. 1998 gewann Radiocontrol den Preis «Technologiestandort Schweiz» und 2000 den Innovationspreis SRG SSR idée suisse. 2009 wurde ihm das Bundesverdienstkreuz 1. Klasse vom deutschen Bundespräsidenten Dr. H. Köhler verliehen.
Im Militär leitete er im Armeestab die psychologische Abwehr und in ähnlicher Funktion im Krisenstab des Bundesrates (Major). Nach seinem Rückzug aus der Medienwissenschaft betreibt er vor allem vier «Nebenbeschäftigungen»: Wandern, Fliegen, die Betreuung der Steinmann-Stiftung Schloss Wyl und die Schriftstellerei.
Matthias Steinmann lebt seit 1980 mit seiner Frau Arom und seiner Tochter Sophie im Schlössli Ursellen. *Ursella Verlag*

Lebensreich
Matthias F. Steinmanns Autobiografie

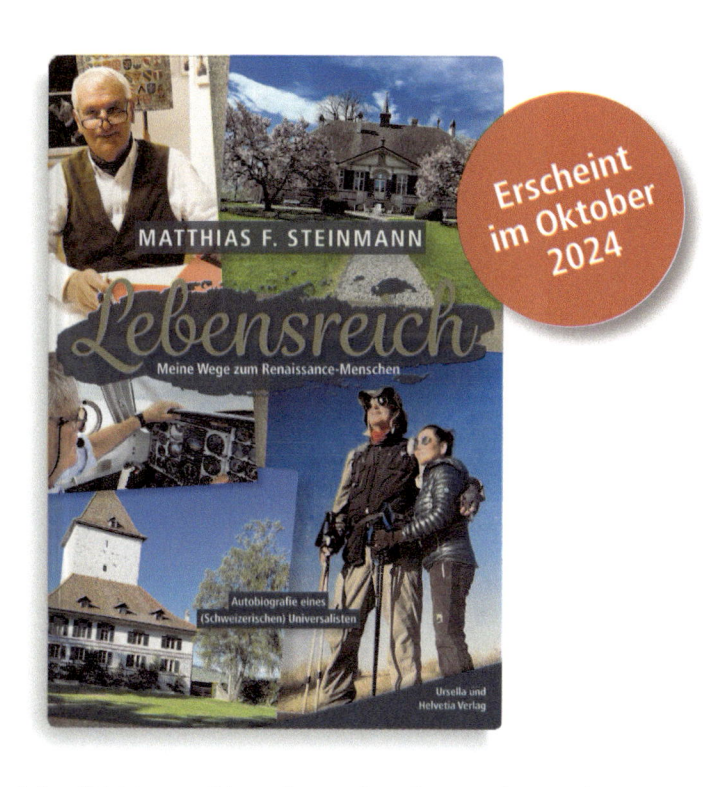

«Lebensreich» (2024, 704 S.) ist die packende Autobiografie eines Self-Made-Millionärs, eines Uomo universale im Sinne der Renaissance, der viele sich scheinbar widersprechende Eigenschaften verkörpert: Matthias Steinmann war Unternehmer, Wissenschaftler, Investor und Stabsoffizier, er revolutionierte mit seinem Telecontrol-System unsere Fernsehwelt, er wanderte auf den Jakobswegen Europas, er ist Schriftsteller, der älteste Berufspilot der Schweiz und besitzt zwei Schlösser sowie ein Strandresort in Thailand. Seine Erfolgsgeschichte ist der Stoff, aus dem moderne Märchen sind.
ISBN 978-3-907402-66-5

Verirrt in Giessbach

Matthias F. Steinmanns historischer Hotelkrimi

«**Verirrt in Giessbach**» Wie ein Starchirurg kurz vor dem Ersten Weltkrieg im Grandhotel Giessbach eine Schicksalspirouette dreht. (2023, 336 S.)
Ein Starchirurg sucht 1914 nach einem Burnout Erholung im mondänen Grandhotel Giessbach am Brienzersee. Das geschichtsträchtige Hotel, Inbegriff von Luxus und Eleganz, ist damals Treffpunkt der Beau Monde aus ganz Europa. Aber noch ahnt niemand, dass der Erste Weltkrieg in einem Monat ausbricht. Er lernt die attraktive Hotelbesitzerin Elisabeth kennen und kann sich ihrer Faszination nicht entziehen. Doch plötzlich steht er im Mittelpunkt einer rätselhaften Mordserie.
ISBN: 978-3-907402-28-3

Emmentaler & Nostrano

Matthias F. Steinmanns Familiensaga

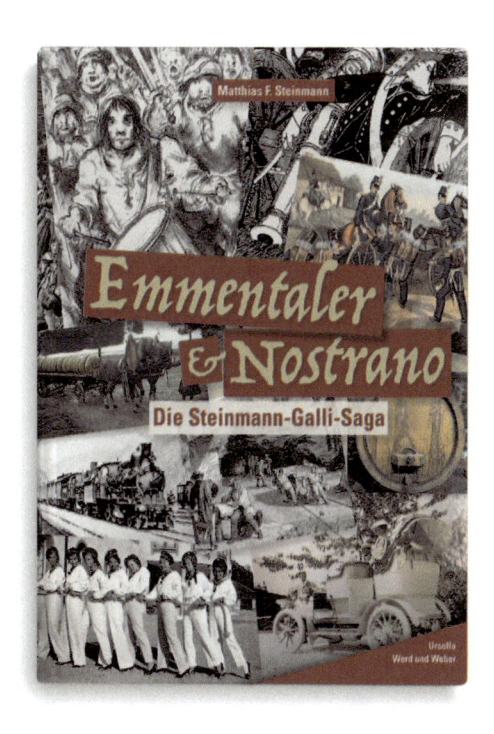

«Emmentaler & Nostrano» (2022, 864 S.) ist die packende Saga zweier völlig unterschiedlicher Schweizer Familien: der Steinmanns, einem ursprünglich bitterarmen Bauerngeschlecht aus dem Emmental, und der Gallis, einer gut situierten Familie von Architekten und Baumeistern aus dem Tessin. Der Autor beschreibt in dem reich illustrierten Doku-Roman die Geschichte der beiden Linien – eine Zeitreise über mehrere Generationen, die schliesslich in der Ehe von Beatrice Galli und Bernhard Steinmann mündet. ISBN 978-3-03818-370-9

Der Gehenkte zu Schloss Wyl

Matthias F. Steinmanns Geisterkrimi

«**Der Gehenkte zu Schloss Wyl**» (2022, 288 S.)
Ein halbwahrer Geisterkrimi, aus dem Leben eines Schlossherrn gegriffen. Was hat der französische Kaiser Napoleon mit dem Schicksal eines Gehenkten zu tun, der in einer Sturmnacht am mächtigen Turm von Schloss Wyl an einem Seil hin- und herpendelt? Eigentlich nichts – oder vielleicht doch?
ISBN: 978-3-03818-399-0

Im Mediensumpf der 80er-Jahre
Matthias F. Steinmanns Medienkrimi

«**Die Pferdfrau-Recherche**» (2021, 288 S.) Liebe, Leidenschaft, Intrigen und Morde.
«Die Pferdfrau-Recherche» handelt von Intrigen, Betrug, Korruption in den Medien, aber auch von Liebe und Leidenschaft, die zu Morden führen. In immer schnellerem Tempo wird der Leser kreuz und quer durch Bern geführt.
ISBN 978-3-03818-299-3

«Chor der Henker»
Wir sind die Henker, Henkersknechte
Erkoren zu den Hütern aller Rechte
die Ewigkeit und Welt verbinden
Dort, wo sich alle Wege finden
Dort ist's in unsere Händ gegeben
zu erfüllen, zu beenden dieses Leben.
Wir dürfen würgen, dürfen morden
Sie sterben jetzt in hellen Horden
Wir dürfen töten und tun es auch
Und Leben vergeht zu schalem Rauch
der als Erinnerung nur fade haftet.
Doch junges Blut, das spritzt und saftet
Wäscht auch sie und wird zu ihr
Denn am Ende jeder Lebensgier
stehen, stehen – stehen wir
Die Henker, Henkersknechte hier.

Alles nur Theater

Matthias F. Steinmanns Theaterstücke

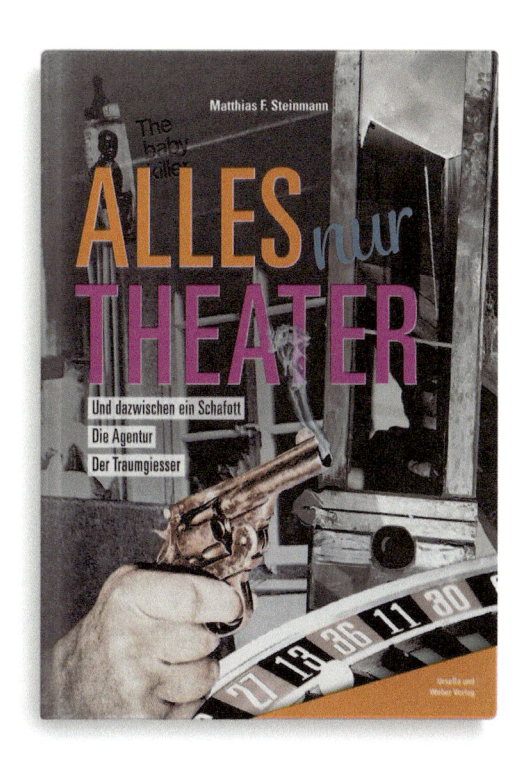

«Alles nur Theater» (2022, 255 S.)
«Und dazwischen ein Schafott»
«Die Agentur» und
«Der Traumgiesser»
ISBN 978-3-0381843-1-7

Schwarze und rosige Jahre in der Lehranstalt
Matthias F. Steinmanns schicksalshafte Internatserinnerungen

«**Die Todesanzeiges**» (2020, 312 S.)
Der Tod eines ehemaligen Internatskollegen reisst den intellektuellen Tatmenschen Fritz Wyl aus dem Alltag und zwingt ihn zu einer Fahrt in die dunkle Vergangenheit. Ein literarischer Kriminalroman zum Thema Schuld und Lebenslüge.
ISBN 978-3-9524708-9-3

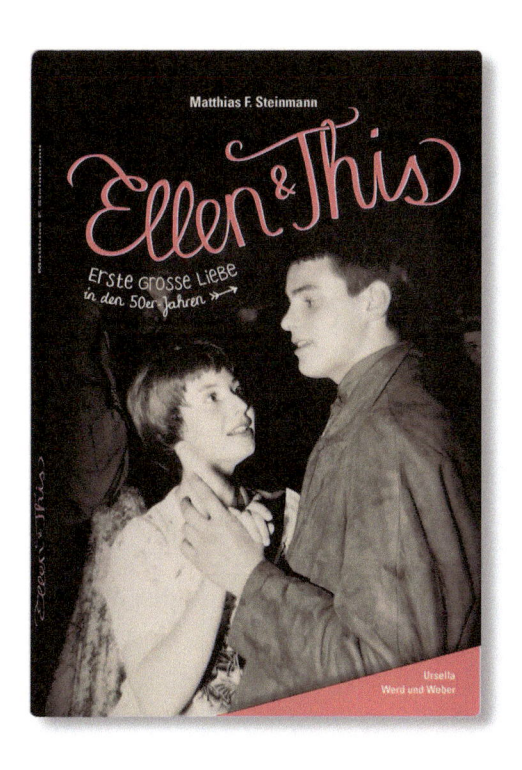

«**Ellen und This**» (2019, 288 S.) Erste grosse Liebe in den 50er-Jahren. Der Internatsschüler THIS verliebt sich 1958 mit 16 Jahren in die 15-jährige ELLEN aus reichem Hause. Daraus entsteht eine aussergewöhnliche Liebesgeschichte, die Matthias F. Steinmann in diesem Doku-Roman auf bewegende Weise wiedergibt.
ISBN 978-3-9524708-8-6

«Schwarze Schatten auf dem Jakobsweg»

Matthias F. Steinmanns Pilgerkrimi-Trilogie

«Pilgerfreunde» Töten statt Beten auf dem Jakobsweg. (2014, 283 S.) Ein fesselnder Psychothriller über die grossen Themen Freundschaft und Loyalität, Gier und Betrug, Liebe und Verrat. Er besticht durch immer neue überraschende Wendungen, durch starke Figuren, lebensnahe Dialoge und intensive Actionszenen.
ISBN 978-3-9524708-0-0

«Die Gräfin von Montorzier» Casanovitis auf und neben dem Jakobsweg. (2018, 276 S.) Erotischer Pilgerkrimi. Cecchino Galli ist ein einsamer Wolf, ein Mann mit Vergangenheit – einst Fremdenlegionär und später erfolgreicher Werber – und mit ganz eigenem moralischem Kompass.
ISBN 978-3-9524708-5-5

«Mein ist die Rache» Schicksalhafte Abenteuer auf dem Jakobsweg. (2019, 322 S.) Pedro Casanova ist Camino-Pilger. Er wird von seiner frisch angetrauten Ehefrau, einer schönen französischen Gräfin, begleitet. Der Pilgerweg wird für das Paar zum Albtraum. Pedro wird mit seiner dunklen Vergangenheit konfrontiert.
ISBN 978-3-9524708-6-2

In Zusammenarbeit mit Ted Scapa

Matthias F. Steinmanns Weisheiten und Witziges

«D'Salami wird schnittliwiis gässe»
Lebensmaxime mit Schmunzels
von Ted Scapa (2017, 60 S.)
ISBN 978-3-9524708-2-4

«Der Heiligenschein»
Ein Pilgermärchen mit Schmunzels
von Ted Scapa (2018, 119 S.)
ISBN 978-3-9524708-4-8

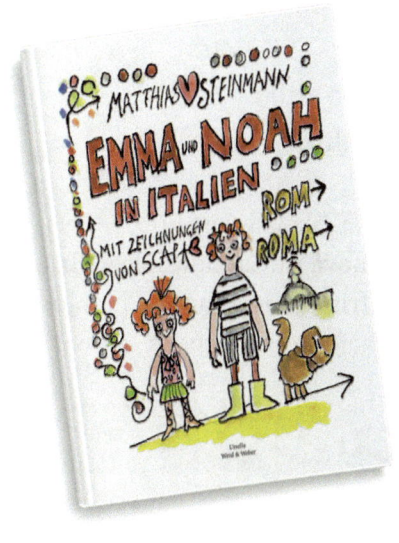

«Emma und Noah»
Ein Kinder-Vorlesebuch mit
Zeichnungen von Ted Scapa
(2019, 64 S.)
ISBN 978-3-9524708-7-9

Vom grossen Traum des Fliegens
Matthias F. Steinmanns zweites Kinder- und Jugendbuch

«Flieg, Jorim flieg!»
Ein Kinder-Vorlesebuch
mit Zeichnungen von
Noé Barcos (2020, 76 S.)
ISBN 978-3-03818-297-9

Im Ursella Verlag erschienen
von Matthias F. Steinmann

«Sophies Weg in vordigitaler Zeit»
Kinderzeichnungen
(2015, 96 S.)
ISBN 978-3-9524-708-1-7

«Kulissenschieber»
Schlössli- und Schlossnotizen
(2016, 366 S.)
ISBN 978-3-033-05795-1

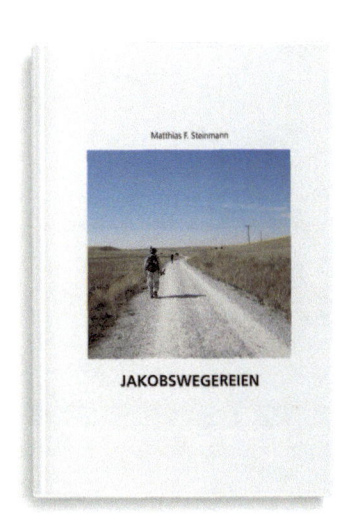

«Jakobswegereien»
Pilgergeschichten (2012, 142 S.)
ISBN 978-3-9524708-3-1